Weizenfrei backen

B wie Brot und Brötchen

Katy Buchholz

Impressum

Weizenfrei backen

Schollendamm 10, 27751 Delmenhorst

Layout: Rike Moor – Lektorat Moor and more
(www.lektorat-moor.de)
Fotos: Katy Buchholz, Peter Buchholz
Autorenfoto: Kerstin Glacer
Covergestaltung: Dream Design - Cover and Art
Covergrafik: © MicEnin – Depositphotos.com,
© Vasilev_Ki – Depositphotos.com

ISBN: 9783757941796

Herstellung und Druck über tolino media GmbH & Co. KG,
Albrechtstr. 14, 80636 München. Printed in Germany.
Fragen zu Produktsicherheit an: gpsr@tolino.media.

Bibliografische Information der Deutschen Nationalbibliothek:

Die Deutsche Nationalbibliothek verzeichnet
diese Publikation in der Deutschen Nationalbibliografie;
detaillierte bibliografische Daten sind im Internet über
dnb.dnb.de abrufbar.

Weizenfrei backen heißt,
den Pfad des Gewohnten verlassen!

Weizenfrei backen heißt,
Neues ausprobieren!

Weizenfrei backen heißt,
kreativ sein!

Inhaltsverzeichnis

Tipps in Bezug aufs Backen

Tipp 1 – Rühren

Der Teig (Ausnahme Hefeteig) sollte nicht zu lange gerührt werden. Je kürzer, desto besser! Wer sich nicht daran hält, dem kann es passieren, dass sein Teig leicht zäh wird und nicht gut aufgeht.

Als Rührhilfe eignet sich ein Schneebesen, Kochlöffel aus Holz oder ein Teigschaber.

Tipp 2 – Produktwissen

Nicht jede Zutat lässt sich immer 1:1 durch eine andere ersetzen. Um entsprechend vorgehen zu können, ist es wichtig, zu wissen, welche Zutaten welche Aufgaben erfüllt.

Tipp 3 – Mehl mit und ohne Gluten

Es gibt glutenfreies und glutenhaltiges Mehl. Beim Verwenden des einen oder anderen Mehls sollte auf die unterschiedliche Backeigenschaft geachtet werden. Im Gegensatz zu glutenhaltigen Mehlen haben glutenfreie Mehle weniger Bindefähigkeit. Damit das Backwerk nicht trocken oder bröselig wird, empfehle ich keine Experimente, sondern die Einhaltung der Mengenangaben und Schritte im Rezept.

Alternativen zu Weizenmehl

Hafermehl

Hafer ist genetisch nicht mit Weizen verwandt. Trotzdem zählen beide Getreidesorten zur Gruppe der Süßgräser. Hafer ist reich an Vitamin B1 und B6 sowie Magnesium, Zink und Biotin. Der Geschmack von Hafermehl ist identisch mit Haferflocken – süßlich bis nussig. Hafer ist im Preis etwas teurer als Weizen, gilt aber insgesamt als gesündere Getreideart. Hafermehl lässt sich mittels einer Küchenmaschine schnell selbst aus Haferflocken herstellen.

Hafermehl kann 1:1 wie Weizenmehl verwendet werden.

Dinkelmehl

Dinkel ist ebenfalls ein Süßgras. In den 80er-Jahren hat man sich an diese Urform des heutigen Weizens erinnert. Seitdem ist er sehr beliebt. Dinkel ist gesünder als Weizen. Er ist nicht nur reich an Magnesium und Eisen, sondern enthält auch alle acht essenziellen Aminosäuren. Aufgrund seines hohen Proteinanteils ist Dinkel bei Sportlern sehr beliebt. Sein Aroma ist kräftig-nussig.

Dinkelmehl kann 1:1 wie Weizenmehl verwendet werden.

Kichererbsenmehl

Kichererbsenmehl ist glutenfrei. Es enthält doppelt so viel pflanzliches Protein wie Weizenmehl. Dazu kommt ein hoher Zink-, Eisen- und Magnesiumgehalt. Das sehr fein gemahlene Mehl aus der beliebten Hülsenfrucht ist daher nicht nur VeganerInnen bekannt. Es wird ebenfalls gerne in der ayurvedischen Küche verwendet. Aufgrund enthaltener Lektine wird vom Verzehr roher Kichererbsen abgeraten. Diese Giftstoffe können den Darm verkleben. Anders ist es beim Erhitzen. Hierbei werden sie rasch zerstört.

Weizenmehl kann **nicht** 1:1 durch Kichererbsenmehl ersetzt werden!
Von 100 g Weizenmehl nur 75 g Kichererbsenmehl ersetzen!

Buchweizenmehl

Buchweizen ist, obwohl es der Name vermuten lässt, nicht mit Weizen verwandt. Es ist eine gesunde Alternative aus der Familie der Knöterich Gewächse. Dabei handelt es sich um ein aminosäurenreiches Pseudogetreide, das glutenfrei ist. Buchweizenmehl enthält viele Mineralstoffe, Proteine und ist reich an Magnesium, Eisen und Zink. Der Blutzuckerspiegel steigt nach dem Verzehr von Buchweizenprodukten sehr langsam an. Daher sind Lebensmittel mit Buchweizenmehl für Diabetiker und Heißhunger-Geplagte geeignet.

Weizenmehl kann **nicht** 1:1 durch Buchweizenmehl ersetzt werden!
Von 500 g Weizenmehl nur 50–100 g Buchweizenmehl ersetzen!

Maismehl

Wenn getrockneter Mais gemahlen wird, entsteht Maismehl. Es ist ein gängiges Grundnahrungsmittel. Die Konsistenz kann grob, mittel und fein sein, aber nicht so fein wie Weizenmehl. Maismehl ist glutenfrei, dafür aber sehr stärkehaltig. Außerdem enthält es einen hohen Kohlenhydratanteil. Dazu kommen ungesättigte Fettsäuren und viele Mineralstoffe wie Calcium, Eisen, Natrium, Kalium, Phosphor und Eisen. An Vitaminen sind die Vitamine A, E, C und B-Vitamine enthalten.

Weizenmehl kann **nicht** 1:1 durch Maismehl ersetzt werden!
Von 500 g Weizenmehl nur 50–100 g Maismehl ersetzen!

Hanfmehl

Hanf ist eine Kulturpflanze, deren Lebensmittel zählen derzeit zum großen Ernährungstrend. Der Geschmack von Hanfsaat lässt sich mit dem Wort *grasig* beschreiben. Hanfmehl hingegen schmeckt nussig. Um Hanfmehl herzustellen, werden die ungeschälten Hanfsamen zerrieben. Sorgfältig, damit möglichst keine Nährstoffe verloren gehen. Hanfmehl ist nicht nur ein Lifestyle-Produkt, sondern besonders gut für Menschen mit Verdauungsproblemen geeignet. Es liefert gute Inhaltsstoffe: Ballaststoffen, Omega-3, Protein und Vitamin B1, Eisen, Magnesium und Zink.

Weizenmehl kann **nicht** 1:1 durch Hanfmehl ersetzt werden!
Von 100 g Weizenmehl nur 80 g Hanfmehl ersetzen!

Kokosmehl

Kokosmehl wird aus gemahlenem Kokosfleisch, das getrocknet wurde, hergestellt. Der Geschmack ist leicht süßlich, daher kann die in den Rezepten angegebenen Zuckermengen leicht reduziert werden. Kokosmehl enthält Ballaststoffe.

Weizenmehl kann **nicht** 1:1 durch Kokosmehl ersetzt werden!
Von 500 g Weizenmehl nur 100 g Kokosmehl ersetzen!

Mandelmehl

Mandelmehl kann auf drei verschiedene Arten entstehen: Bei der Erzeugung von Mandelöl, aus gemahlenen Mandeln oder aus den Resten der Mandelmilchherstellung. Bei allen Produkten sind jedoch die gesundheitlichen Vorteile gleich. Mandelmehl ist eine glutenfreie, kohlenhydratarme und eine eiweißreiche Mehlalternativen. Außerdem enthält es zahlreiche Vitamine wie etwa Vitamin A, B und E sowie Nährstoffe, Eisen, Zink und Fluor. Mandelmehl schmeckt nicht nur gut, sondern wirkt sich auch positiv auf die Gesundheit aus. Mandelmehl schmeckt süß, daher kann die in den Rezepten angegebenen Zuckermengen leicht reduziert werden.

Weizenmehl kann **nicht** 1:1 durch Mandelmehl ersetzt werden!
Von 100 g Weizenmehl nur 50 g Mandelmehl ersetzen!

Leinsamenmehl

Leinsaat gibt es sowohl in Gold als auch Braun. Das ist der Samen des Flachses. Bei der Ölgewinnung entsteht aus Leinsaat Presskuchen. Wird dieser gemahlen, erhält man Mehl. Leinsamen haben eine positive gesundheitliche Wirkung. Er ist gut für den Darm. Aufgrund des hohen Anteils aufquellender Schleim- und Ballaststoffe fördern Leinsamen die Verdauung. Damit sind sie auch ein gutes Bindemittel. Leinsamen wirken außerdem entzündungshemmend, denn sie enthalten in der Pflanzenwelt den höchsten Anteil an Omega-3-Fettsäuren. Der Geschmack ist herzhaft, nussig.

Weizenmehl kann **nicht** 1:1 durch Leinsamenmehl ersetzt werden!
Von 100 g Weizenmehl nur 20 g Leinsamenmehl ersetzen

Brot mit Backpulver

Buchweizenbrot

Zutaten für 1 Brot

400 ml Wasser
250 g Buchweizenmehl
60 ml Rapsöl
50 g Haferflocken
40 g Chiasamen
3 TL Backpulver
1–2 TL Brotgewürz
1 TL Salz

Außerdem:
35 g Sonnenblumenkerne

Zubereitung

Die Chiasamen in ein Gefäß geben und mit 240 ml Wasser verrühren. 20 Minuten quellen lassen. Es muss eine gelartartige Konsistenz entstehen.

Backofen auf 180 °C Ober-/Unterhitze vorheizen.

In der Zwischenzeit Buchweizenmehl, Haferflocken, Backpulver und Salz in eine Schüssel geben. Alles miteinander vermischen. Anschließend das restliche Wasser, Öl und die eingeweichten Chiasamen hinzufügen. Alles zu einem Teig verrühren.

Tipp

Nur kurz verrühren!
Das Brot geht sonst nicht gut auf.

Nun den Teig in eine vorbereitete Kastenform geben. Glattstreichen und die Sonnenblumenkerne darauf streuen. Das Brot muss im Backofen auf der mittleren Schiene 1 Stunde und 10 Minuten backen. Nachdem es aus dem Ofen genommen wurde, auf einem Rost auskühlen lassen.

Dinkel-Joghurt-Möhrenbrot

Zutaten für 1 Brot

500 g Dinkelmehl
350 g Haferjoghurt
200 g Möhren
150 g Saatenmischung (Sesam, Kürbiskerne, Sonnenblumenkerne)
150 ml Wasser
2 EL Haferflocken
1 EL Flohsamenschalen
1 EL Leinsamen
2 TL Salz
1 Packung Backpulver
½ TL Natron

Zubereitung

Backofen auf 180 °C Umluft vorheizen.

Die Flohsamenschalen mit dem Wasser mischen und quellen lassen.

In der Zwischenzeit die Möhren schälen und kleinraspeln. Als Nächstes Haferjoghurt und die eingeweichten Flohsamenschalen verrühren, dann die Möhren dazugeben. Dinkelmehl, Leinsamen, Backpulver, Salz, Natron, 1 EL Haferflocken und die Hälfte der Saatenmischung in eine Schüssel geben und vermengen. Die Möhren-Joghurt-Mischung dazugeben und zu einem gleichmäßigen Teig kneten.

Anschließend den Teig in eine vorgefettete Form geben. Die zweite Hälfte der Saatenmischung mit 1 EL Haferflocken vermengen. Teig mit etwas Wasser bestreichen und in der Saaten-Haferflockenmischung wälzen.

Das Brot muss im Backofen auf der mittleren Schiene 45 Minuten backen. Nachdem es aus dem Ofen genommen wurde, auf einem Rost auskühlen lassen.

Haferflocken-Quark-Brot

Zutaten für 1 Brot

500 g Haferflocken (kernig)
500 g Mandelquark
450 ml Wasser
3 EL Flohsamenschalen
2 Packungen Backpulver
1 Apfel
1 Handvoll Walnüsse
1 TL Salz

Zubereitung

Die Flohsamenschalen mit dem Wasser mischen und quellen lassen.

In der Zwischenzeit Mandelquark, Haferflocken Backpulver und Salz in eine Schüssel geben und vermengen. Die Walnüsse hacken. Apfel waschen, schälen, entkernen und reiben. Anschließend Walnüsse und Apfel zur Haferflocken-Quark-Mischung geben. Als Nächstes alles zu einem Teig vermengen.

Backofen auf 180 °C Umluft vorheizen.

In der Zwischenzeit eine Kastenform vorbereiten und den Teig einfüllen. Das Brot muss im Backofen auf der mittleren Schiene 50–55 Minuten backen. Nachdem es aus dem Ofen genommen wurde, auf einem Rost auskühlen lassen.

Haferkleiebrot

Zutaten für 1 Brot

250 g Mandelquark
200 g Haferkleie
50 g Mandelmehl
50 g Leinsamenschrot
30 g Sonnenblumenkerne
20 g Sesamsamen
10 g Kürbiskerne

3 EL Flohsamenschalen
1 ½ Banane
1 EL Rapsöl
1 EL Apfelessig
1 Packung Backpulver
1 TL Salz
1 TL Wasser

Zubereitung

Backofen auf 180 °C Umluft vorheizen.

Leinsamenschrot, Sonnenblumenkerne, Sesamsamen und Kürbiskerne in einer Pfanne unter ständigem Rühren kurz anrösten. Anschließend zum Abkühlen beiseitestellen.

In der Zwischenzeit Haferkleie, Mandelmehl und Backpulver in eine Schüssel geben und mischen. Die abgekühlten Saatenmischung dazugeben. In einer anderen Schüssel die Banane zerquetschen. Mandelquark, Flohsamenschalen, Essig, Öl, Wasser und Salz hinzufügen. Alles miteinander verrühren. Als Nächstes wird die Quarkmasse mit dem Kleie-Mehl-Backpulvergemisch vermengt. Einmal kräftig durchgeknetet, dann den Teig in eine vorbereitete Kastenform geben.

Das Brot muss im Backofen auf der mittleren Schiene 45–50 Minuten backen. Nachdem es aus dem Ofen genommen wurde, auf einem Rost auskühlen lassen.

Quark-Brot

Zutaten für 1 Brot

300 g Mandelquark
150 g Buchweizenmehl
100 g gemahlene Haselnüsse
50 g Buchweizenflocken
50 ml Hafermilch

3 EL Chiasamen
1 Packung Backpulver
1 TL Salz

Zubereitung

Backofen auf 180 °C Ober-/Unterhitze vorheizen.

Mandelquark in eine kleine Schüssel geben, Chiasamen unterrühren und 10 Minuten quellen lassen.

Derweil Buchweizenmehl, Flocken, gemahlene Haselnüsse, Backpulver und Salz in eine Schüssel geben. Alles miteinander vermischen. Die Chia-Quark-Mischung unter die Mehlmischung rühren. Die Hafermilch hinzugeben, dann einmal kräftig durchkneten. Anschließend den Teig in eine vorbereitete Kastenform geben.

Das Brot muss im Backofen auf der mittleren Schiene 40–45 Minuten backen. Nachdem es aus dem Ofen genommen wurde, auf einem Rost auskühlen lassen.

Quark-Eiweiß-Brot

Zutaten für 1 Brot

500 g Mandelquark
100 g Sonnenblumenkerne
100 g Kürbiskerne
100 g Sesamsamen
50 g Leinsamen
50 g Chiasamen
50 g Haferkleie
2 Bananen
1 große Möhre
1 Packung Backpulver
1–2 TL Brotgewürz
1 Prise Salz

Zubereitung

Backofen auf 180 °C Umluft vorheizen.

Leinsamen, Sonnenblumenkerne, Sesamsamen und Kürbiskerne in einer Pfanne unter ständigem Rühren kurz anrösten. Anschließend zum Abkühlen beiseitestellen.

In der Zwischenzeit die Möhre schälen und raspeln. Haferkleie, Chiasamen, Backpulver, Salz und Brotgewürz in eine Schüssel geben und mischen. Die abgekühlten Saatenmischung dazugeben. In einer anderen Schüssel die Bananen zerquetschen, danach mit der Möhre und dem Quark verrühren.

Als Nächstes wird die Quarkmasse mit dem Kleie-Backpulvergemisch vermengt. Einmal kräftig durchgeknetet, dann den Teig in eine vorbereitete Kastenform geben.

Das Brot muss im Backofen auf der mittleren Schiene 50–55 Minuten backen. Nachdem es aus dem Ofen genommen wurde, auf einem Rost auskühlen lassen.

Süßkartoffelbrot

Zutaten für 1 Brot

450 ml Wasser
250 g Buchweizenmehl
250 g Buchweizenflocken
100 g Sonnenblumenkerne
100 g Leinsamen
70 g Hanfsamen
2 mittelgroße Süßkartoffeln
2 TL Flohsamenschalen
2 TL Salz
1 TL Kokosöl
1 Packung Backpulver
Buchweizenmehl für die Form

Zubereitung

Leinsamen in ein Gefäß geben und mit 200 ml Wasser verrühren. 30 Minuten quellen lassen.

Backofen auf 180 °C Ober-/Unterhitze vorheizen.

Buchweizenmehl, Buchweizenflocken, Sonnenblumenkerne, Hanfsamen, Flohsamenschalen, Backpulver und Salz in eine Schüssel geben. Alles miteinander vermischen. Anschließend die Süßkartoffeln schälen und kleinschneiden. Nun mit dem restlichen Wasser pürieren. Süßkartoffelbrei und die eingeweichten Leinsamen zu den Trockenzutaten in die Schüssel geben. Alles zu einem Teig verarbeiten.

Tipp:

Er sollte nicht zu flüssig sein.
Nur kurz verrühren!
Das Brot geht sonst nicht gut auf.

Anschließend den Teig in eine vorbereitete Kastenform geben und glattstreichen. Das Brot muss im Backofen auf der mittleren Schiene 50–60 Minuten backen. Nachdem es aus dem Ofen genommen wurde, auf einem Rost auskühlen lassen.

Würziges Kräuterbrot

Zutaten für 1 Brot

450 g Dinkelvollkornmehl
150 g Mandelquark
150 ml Hafermilch
70 g Sonnenblumenkerne
50 g Mangold
50 g glatte Petersilie
1 TL Backpulver
1 TL Salz

Zubereitung

Dinkelvollkornmehl, Sonnenblumenkerne, Salz und Backpulver in eine Schüssel geben und vermischen. Als Nächstes Mangold und Petersilie abspülen, dann trockentupfen. Beides kleinschneiden oder hacken. Anschließend mit Hafermilch und Mandelquark zur Mehlmischung geben. Alles zu einem Teig verarbeiten.

Backofen auf 180 °C Ober-/Unterhitze vorheizen.

In der Zwischenzeit den Teig auf eine bemehlte Arbeitsfläche geben. Teig ein weiteres Mal durchkneten, dann zu einem Brotlaib formen. Oberfläche mit einem Messer einritzen. Das Brot auf ein mit Backpapier ausgelegtes Blech legen. Es muss im Backofen auf der mittleren Schiene 30 Minuten backen. Nachdem es aus dem Ofen genommen wurde, auf einem Rost auskühlen lassen.

Brot mit Hefe

Aromatisches Vollkornbrot

Zutaten für 1 Brot

350 ml warmes Wasser
250 g Roggenvollkornmehl
100 g Dinkelmehl
100 g Dinkelflocken
50 g Roggenschrot
12 g Salz
6 g Zucker
3 g Bockshornklee (gemahlen)
2 g Kümmel
3 cl Balsamico
3 cl Balsamico
2 cl Rapsöl
1 Handvoll Sesamsamen
1 Handvoll Leinsamen
½ Würfel frische Hefe

Zubereitung

Tag 1 – Leinsamen in eine kleine Schüssel geben, mit Wasser bedecken und über Nacht quellen lassen. Am nächsten Tag überschüssiges Wasser abgießen.

Tag 2 – Roggenvollkorn- und Dinkelmehl sowie das Roggenschrot in eine Schüssel geben. In der Mitte eine kleine Kuhle drücken. Die Hefe, eine Prise Salz und etwas warmem Wasser hineingeben, leicht mit Mehl bedecken, dann ein paar Minuten ruhen lassen. Nun Dinkelflocken, Sesamsamen, Bockshornklee, Kümmel, Kräuteressig, Balsamico, Rapsöl, Zucker und restliches Salz hinzufügen. Alles miteinander vermengen, bis ein Teig entstanden ist. Der Teig sollte nicht zu dünn sein, eher etwas fester. Die Konsistenz kann gegebenenfalls mit Wasser oder Mehl angepasst werden. Anschließend den Teig mit einem Tuch abdecken und 40 Minuten an einem warmen Ort gehen lassen. Er sollte sich in etwa auf das doppelte vergrößern.

In der Zwischenzeit ein Rost mit Backpapier belegen. Teig mit etwas Mehl bestreuen, zu einer Kugel formen (möglichst nicht zu viel kneten) und auf das Rost legen. Bei der richtigen Konsistenz setzt sich der Teig langsam etwas in die Breite und bildet so einen schönen runden Laib.

Tipp

Für eine glatte Kruste, den Laib nun mit Milch einpinseln. Körner oder Dinkelflocken sorgen für etwas Raffinesse. Einfach nach dem Milchanstrich darüber streuen.

Für eine rustikale Kruste, etwas Mehl darauf streuen.

Damit der Teig beim Backen nicht aufplatzt, wird er jetzt eingeschnitten. Mindestens 3 Schnitte, die ca. 1 cm tief sind und in eine Richtung verlaufen. Es können aber auch 6 gekreuzte Schnitte sein. Als Nächstes den Teig ein weiteres Mal abdecken und erneut 40 Minuten an einen warmen Ort stellen.

In der Zwischenzeit auf die unterste Schiene des Backofens ein Backblech mit 2 l Wasser schieben.

Den Backofen auf 250 °C Ober-/Unterhitze vorheizen.

Das Brot muss im Backofen auf der mittleren Schiene 5 Minuten backen. Temperatur auf 200 °C reduzieren, 10 Minuten backen. Temperatur auf 180 °C und 30 Minuten fertig backen. Nachdem es aus dem Ofen genommen wurde, auf einem Rost auskühlen lassen.

Brot mit Bockshornklee

Zutaten für 1 Brot

400 ml lauwarmes Wasser
300 g Roggenmehl
300 g Hirsemehl
50 g Hirseflocken
50 g Bockshornklee
20 g Salz
4–5 EL Rapsöl
1 Würfel frische Hefe
1 EL Mehl zum Bestäuben

Zubereitung

Tag 1 – Bockshornklee im einem Mörser aufbrechen. Anschließend in eine kleine Schüssel geben, mit 200 ml Wasser bedecken und über Nacht quellen lassen. Am nächsten Tag überschüssiges Wasser abgießen.

Tag 2 – Hefe zerbröckelt in eine kleine Schüssel geben und mit 100 ml lauwarmen Wasser glattrühren. In eine große Schüssel Mehl und Salz mischen, eine Mulde hineindrücken. Das Hefe-Wassergemisch hineingießen. Leicht mit Mehl bestäuben, dann zugedeckt 10 Minuten gehenlassen. Restliches Wasser mit Öl und Flocken hinzugeben. Alles miteinander verkneten. Anschließend an einem warmen Ort zugedeckt 30 Minuten gehen lassen. Als Nächstes wird der Bockshornklee unter den Teig geknetet. Anschließend muss der Teig weitere 20 Minuten ruhen.

Nun aus dem Teig 1 ovalen Laib formen und auf ein mit Backpapier ausgelegtes Blech geben. Brotlaib an der Oberseite schräg einschneiden, dann mit etwas Mehl bestäuben. Der Teig muss zugedeckt weitere 30 Minuten ruhen.

Backofen auf 160 °C Ober-/Unterhitze vorheizen.

Das Brot muss im Backofen auf der 2. Einschubschiene von unten 60 Minuten backen. Nachdem es aus dem Ofen genommen wurde, auf einem Rost auskühlen lassen.

Brot mit Frischegenuss

Zutaten für 1 Brot

300 g Dinkelvollkornmehl
250 g Mandelquark (Zimmertemperatur)
110 ml lauwarme Hafermilch
50 g Dinkelflocken
15 g frische Hefe
1 TL Salz
1 TL Zucker
Hafermilch zum Bestreichen

Zubereitung

Hefe zerbröckelt in eine kleine Schüssel geben und mit 50 ml lauwarmer Hafermilch glattrühren.

In eine große Schüssel Dinkelvollkornmehl, Dinkelflocken, Zucker und Salz mischen. Eine Mulde hineindrücken. Das Hefe-Hafermilchgemisch hineingießen. Leicht mit Mehl bestäuben, dann zugedeckt 10 Minuten gehenlassen. Anschließend Mandelquark und restliche Hafermilch hinzufügen. Alles miteinander verkneten. Zugedeckt an einem warmen Ort 2 Stunde ruhen lassen.

Als Nächstes den Teig zu einem runden Laib formen. Einmal länglich einschneiden. Auf ein mit Backpapier ausgelegtes Blech setzen und weitere 30 Minuten zugedeckt gehen lassen.

Backofen auf 220 °C Ober-/Unterhitze vorheizen.

Das Brot mit etwas Hafermilch bestreichen und im Backofen auf der mittleren Schiene 20 Minuten backen. Temperatur auf 180 °C reduzieren, dann 20–25 Minuten fertig backen. Nachdem es aus dem Ofen genommen wurde, auf einem Rost auskühlen lassen.

Dinkelbrot mit Joghurt

Zutaten für 1 Brot

Brühstück

200 g Dinkelmehl
300 ml kochendes Wasser
50 ml Wasser

Körner

50 g Sonnenblumenkerne
50 g Leinsamen

Teig

450 g Dinkelmehl
200 g Haferjogurt
150 ml lauwarmes Wasser
50 g Buchweizenmehl
20 g frische Hefe
15 g Salz
Brühstück
Körner

Zubereitung

Tag 1 – Für das Brühstück wird Dinkelmehl mit kochendem Wasser übergossen. Vermischt, mit Klarsichtfolie abgedeckt und zum Abkühlen in den Kühlschrank gestellt.

Die Körner mit Wasser übergießen und über Nacht einweichen lassen.

Tag 2 – Hefe zerbröckelt in eine kleine Schüssel geben und mit 100 ml lauwarmen Wasser glattrühren. In eine große Schüssel Dinkel- und Buchweizenmehl sowie Salz geben und mischen. Eine Mulde hineindrücken. Das Hefe-Wassergemisch hineingießen. Leicht mit Mehl bestäuben, dann zugedeckt 10 Minuten gehenlassen. Nun restliches Wasser und Haferjogurt hinzufügen.

Alles miteinander verkneten. Anschließend an einem warmen Ort zugedeckt 1 Stunde ruhen lassen. Als Nächstes die Körner in den Teig einarbeiten, dann weitere 30 Minuten gehen lassen. Anschließend den Teig erneut kurz durchkneten, in eine gefettete Kastenform geben. Mit einem Messer leicht kreuzweise einschneiden, dann erneut 30 Minuten zugedeckt ruhen lassen.

Backofen wird auf 200 °C Ober-/Unterhitze vorgeheizt.

Das Brot muss nun im Backofen auf der mittleren Schiene bei etwa 60 Minuten backen. Nachdem es aus dem Ofen genommen wurde, auf einem Rost auskühlen lassen.

Dinkelmischbrot mit Haferkleie

Zutaten für 1 Brot

300 g Dinkelvollkornmehl
230 ml Hafermilch
100 g Kichererbsenmehl
100 g Haferkleie
100 ml Wasser
20 g frische Hefe
4 EL Leinsamenschrot
1 EL Zitronensaft
1 ½ TL Salz
½ EL Löwenzahnhonig oder Agavendicksaft

Zubereitung

Zitronensaft und Milch miteinander mischen und ¼ Stunde stehen lassen. In der Zwischenzeit Hefe zerbröckelt in eine kleine Schüssel geben, dann mit Honig und Wasser glattrühren. Dinkelvollkorn- und Kichererbsenmehl sowie Kleie, Leinsamenschrot und Salz in eine große Schüssel geben und miteinander vermischen. Als Nächstes kommen Hefewasser und Zitronen-Milchmischung zu den Trockenzutaten. Alles vermengen und zu einem Teig verkneten.

Der Teig sollte feucht sein, ohne an den Fingern zu kleben. Anschließend an einem warmen Ort zugedeckt 45 Minuten gehen lassen. Noch einmal kräftig kneten und weitere 45 Minuten zugedeckt ruhen lassen.

Backofen auf 250 °C Ober-/Unterhitze vorgeheizt.

Teig in eine eingefettete Kastenform oder auf ein mit Backpapier bestücktes Ofenblech geben. Mit einem Messer leicht kreuzweise einschneiden. Das Brot muss im Backofen auf der mittleren Schiene etwa 10 Minuten backen. Temperatur auf 200 °C reduzieren und 30 Minuten fertig backen. Nachdem es aus dem Ofen genommen wurde, auf einem Rost auskühlen lassen.

Dinkeltoast

Zutaten für 1 Brot

400 g Dinkelmehl
200 ml lauwarmes Wasser
70 ml Rapsöl
60 g Sesamsamen
1 EL veganer Honig
1 TL Salz
½ Würfel frische Hefe

Zubereitung

Hefe zerbröckelt in eine kleine Schüssel geben und mit 100 ml lauwarmen Wasser glattrühren. Dinkelmehl in eine Schüssel geben. Mulde hineindrücken und das Hefe-Wassergemisch hineingießen. Honig dazufügen, leicht mit Mehl bestäuben und zugedeckt 10 Minuten gehen lassen.

Als Nächstes restliches Wasser, 50 g Sesamsamen, Salz und Rapsöl hinzufügen. Alles miteinander verkneten. Anschließend an einem warmen Ort zugedeckt 1 Stunde gehen lassen. Eine Kastenform einfetten und mit etwas Mehl bestäuben. Als Nächstes den Teig noch einmal durchkneten, dann in die Kastenform geben. Die restlichen 10 g Sesamkörner darüber streuen und weitere 10 Minuten ruhen lassen.

Backofen auf 180 °C Ober-/Unterhitze vorheizen.

Das Brot muss im Backofen auf der mittleren Schiene 30 Minuten backen. Nun das Brot oben mit Alufolie abdecken, dann 10–15 Minuten fertig backen. Nachdem es aus dem Ofen genommen wurde, auf einem Rost auskühlen lassen.

Hafer-Dinkelvollkornbrot

Zutaten für 1 Brot

600 ml lauwarmes Wasser
500 g Hafermehl
350 g Dinkelvollkornmehl
150 g Haferschrot
100 g Haferflocken

100 ml Kaffee (Rest vom Frühstück)
50 g Haferkleie
1 ½ EL Salz
1 TL Zucker
1 Würfel frische Hefe

Zubereitung

Hefe zerbröckelt in eine kleine Schüssel geben und mit 100 ml lauwarmen Wasser glattrühren. Hafer- sowie Dinkelvollkornmehl in eine große Schüssel geben und mischen. Eine Mulde hineindrücken. Das Hefe-Wassergemisch hineingießen. Zucker dazufügen und leicht mit Mehl bestäuben. Anschließend zugedeckt 10 Minuten ruhen lassen.

Als Nächstes restliches Wasser, Haferflocken, Haferkleie, Haferschrot, Salz und Kaffee hinzugeben. Alles miteinander verkneten.

Anschließend an einem warmen Ort zugedeckt 50 Minuten gehen lassen. Eine Kastenform einfetten und mit etwas Mehl bestäuben. Anschließend den Teig noch einmal durchkneten, dann in die Kastenform geben und weitere 10 Minuten ruhen lassen.

Backofen auf 250 °C Ober-/Unterhitze vorheizen.

Das Brot muss im Backofen auf der untersten Schiene 15 Minuten. Temperatur auf 200 °C reduzieren und 25 Minuten fertig backen. Nachdem es aus dem Ofen genommen wurde, auf einem Rost auskühlen lassen.

Hafertoast

Zutaten für 1 Brot

250 ml lauwarmes Wasser
210 g Dinkelmehl
210 g Hafermehl
100 g Haferflocken
60 g vegane Butter (geschmolzen)
15 g Zucker
15 g Salz½
Würfel frische Hefe

Zubereitung

Hefe zerbröckelt in eine kleine Schüssel geben und mit 100 ml lauwarmen Wasser glattrühren. Hafer- und Dinkelmehl in eine große Schüssel geben. Eine Mulde hineindrücken. Das Hefe-Wassergemisch hineingießen. Zucker dazufügen und leicht mit Mehl bestäuben. Anschließend zugedeckt 10 Minuten gehen lassen.

Als Nächstes Haferflocken, restliches Wasser, Salz und Butter hinzugeben. Alles miteinander verkneten. Anschließend an einem warmen Ort zugedeckt 1 Stunde gehen lassen.

Nun den Teig auf eine mit Mehl bestäubte Arbeitsfläche geben. Ein weiteres Mal durchkneten, dann in eine vorbereitete Kastenform geben. Erneut 1 Stunde ruhen lassen.

Backofen auf 180 °C Ober-/Unterhitze vorheizen.

Das Brot muss im Backofen auf der mittleren Schiene 35 Minuten backen. Nachdem es aus dem Ofen genommen wurde, auf einem Rost auskühlen lassen.

Hirse-Leinsamen-Brot

Zutaten für 1 Brot

1 kg Dinkelmehl
600 ml Wasser
100 g Roggenflocken
140 g geschrotete Hirse
140 g Leinsamen
4 EL Rapsöl
2 EL Kümmel
2 EL Haferkleie
2 EL veganer Honig
2 TL Salz
1 Banane
1 Würfel Hefe

Zubereitung

100 ml Wasser auf 40 °C erwärmen und die Hefe darin auflösen. Dinkelmehl, Roggenflocken, Haferkleie, Hirse, Leinsamen, Kümmel und Salz in eine Schüssel geben und grob vermischen. Eine Mulde hineindrücken. Hefe-Wassergemisch hineingeben, etwas mit Mehl bestäuben und 10 Minuten ruhen lassen.

Als Nächstes restliches Wasser, Honig, Banane und Rapsöl hinzufügen. Alles miteinander verkneten. Anschließend an einem warmen Ort zugedeckt 45 Minuten gehen lassen. Nun den Teig in zwei vorbereitete Kastenformen geben und weitere 30 Minuten ruhen lassen.

Backofen auf 200 °C Ober-/Unterhitze vorheizen.

Die Brote müssen im Backofen auf der untersten Schiene 1 Stunde backen. Nachdem sie aus dem Ofen genommen wurden, sofort aus den Formen lösen und auf einem Rost auskühlen lassen.

Joghurtbrot

Zutaten für 1 Brot

350 g Haferflocken
240 ml lauwarmes Wasser
150 g Roggenmehl
100 g Haferjoghurt
10 g Hefe
2 EL Balsamico
2 TL Salz
1 TL Zuckerrübensirup
1 TL Backmalz

Zubereitung

Hefe zerbröckelt in eine kleine Schüssel geben und mit 100 ml lauwarmen Wasser glattrühren. Roggenmehl und Salz in einer Schüssel mischen. Eine Mulde hineindrücken. Das Hefe-Wassergemisch hineingießen. Leicht mit Mehl bestäuben, dann zugedeckt 10 Minuten gehen lassen. Restliches Wasser, Haferflocken, Haferjoghurt, Balsamico, Zuckerrübensirup und Backmalz hinzufügen. Alles miteinander verkneten. Anschließend an einem warmen Ort zugedeckt 1 Stunde ruhen lassen.

In der Zwischenzeit Kastenform einfetten und mit etwas Mehl bestäuben. Nun den Teig in die Kastenform geben, dann eine weitere ½ Stunde gehen lassen. Anschließend das Brot in den kalten Backofen auf die mittlere Schiene stellen und 10 Minuten bei 240 °C backen.

Als Nächstes oben leicht kreuzweise einschneiden, dann 40–50 Minuten fertig backen. Nachdem es aus dem Ofen genommen wurde, auf einem Rost auskühlen lassen.

Kräuterbrot

Zutaten für 1 Brot

400 g Dinkelvollkornmehl
100 ml lauwarmes Wasser
100 ml lauwarme Hafermilch
50 g Kichererbsenmehl
50 g Haferflocken
3 EL Apfelmus
1 EL Rapsöl
2 TL Zucker
1 TL Salz
3 Bund Kräuter
(z. B. Petersilie,
Schnittlauch und Kerbel)
½ Würfel frische Hefe
Hafermilch zum Bestreichen

Zubereitung

Hefe zerbröckelt in eine kleine Schüssel geben und mit 100 ml lauwarmen Wasser sowie 100 ml lauwarmer Hafermilch glattrühren. In einer großen Schüssel Kichererbsenmehl und Zucker mischen. Eine Mulde hineindrücken. Das Hefe-Wasser-Milchgemisch hineingießen. Leicht mit Mehl bestäuben, dann zugedeckt 10 Minuten gehen lassen.

Als Nächstes Dinkelvollkornmehl, Haferflocken, Öl, Salz und Apfelmus dazufügen. Alles miteinander verkneten. Der Teig muss jetzt zugedeckt an einem warmen Ort 30 Minuten gehen.

In der Zwischenzeit Kräuter waschen, trockentupfen und fein hacken. Anschließend den Teig auf einer bemehlten Arbeitsfläche noch einmal kräftig durchkneten. Dabei die gehackten Kräuter einarbeiten. Der Teig soll geschmeidig, aber nicht fest sein. Als Nächstes den Teig zu einem länglichen Brot formen, dann auf ein mit Backpapier ausgelegtes Blech gesetzt. Den Brotlaib mit einem Messer zweimal diagonal leicht einschneiden. Anschließend zugedeckt weitere 30 Minuten ruhen lassen.

Backofen auf 200 °C Ober-/Unterhitze vorheizen.

Das Brot mit etwas Hafermilch bestreichen und im Backofen auf der mittleren Schiene 40 Minuten backen. Nachdem es aus dem Ofen genommen wurde, auf einem Rost auskühlen lassen.

Kümmelbrot

Zutaten für 1 Brot

700 g Dinkelmehl
650 ml lauwarmes Wasser
200 g Kichererbsenmehl
100 g Dinkelflocken
2 TL Salz
3 EL Rapsöl
1 Würfel frische Hefe
1 TL Kümmel
Milch zum Bestreichen +
2 EL Kümmel

Zubereitung

Hefe zerbröckeln und mit 3 EL lauwarmen Wasser glattrühren, dann 5 Minuten ruhen lassen. Dinkel- und Kichererbsenmehl sowie Dinkelflocken, Kümmel, Salz, Rapsöl und restliches Wasser in eine große Schüssel geben. Hefe-Wassergemisch hinzufügen. Alles miteinander verkneten, bis ein homogener Teig entstanden ist. Nun den Teig mit einem Tuch abgedeckt und 45 Minuten an einem warmen Ort gehen lassen.

Auf einer Arbeitsfläche etwas Mehl streuen. Anschließend den Teig so lange durchkneten, bis er nicht mehr klebt. Jetzt zu einem Laib formen und auf ein mit Backpapier ausgelegtes Blech legen. Als Nächstes den Teig mit etwas Mehl bestäuben, dann mit einem scharfen Messer die Oberfläche längst einritzen. Erneut mit einem Tuch abgedeckt weitere 45 Minuten an einem warmen Ort gehen lassen.

Backofen auf 225 °C Ober-/Unterhitze vorheizen.

Das Brot mit etwas Milch bestreichen und Kümmel bestreuen. Anschließend muss es im Backofen auf der untersten Schiene 15 Minuten backen. Temperatur auf 200 °C reduzieren, dann 25 Minuten fertig backen. Nachdem es aus dem Ofen genommen wurde, auf einem Rost auskühlen lassen.

Kürbisbrot mit Bockshornklee

Zutaten für 1 Brot

500 ml warmes Wasser
300 g Kürbisfleisch vom Butternut (alternativ geht auch Hokkaido oder Muskatkürbis)
300 g Dinkelvollkornmehl
225 g Roggenvollkornmehl
75 g Maismehl
50 g Bockshornklee
10 g Salz
1 EL Ahornsirup oder Löwenzahnhonig
½ Würfel frische Hefe
Mehl zum Bestreuen

Zubereitung

Tag 1 – Bockshornklee in eine kleine Schüssel geben, mit 200 ml Wasser bedecken und über Nacht quellen lassen. Am nächsten Tag überschüssiges Wasser abgießen.

Tag 2 – Die Schale vom Kürbis entfernen. Das Fruchtfleisch in kleine Würfel schneiden oder mittels einer groben Reibe raspeln. Dinkelvollkorn-, Roggenvollkorn- und Maismehl in eine Schüssel geben und mit dem Salz mischen. Die Hefe zerbröckeln und mit 300 ml lauwarmes Wasser sowie dem Ahornsirup glattrühren. Anschließend Kürbisfleisch und Bockshornklee zur Mehlmischung hinzufügen. Alles miteinander vermengen. Der Teig muss jetzt 60 Minuten gehen. Dafür die Schüssel mit einem Tuch abdecken und an einen warmen Ort stellen.

Als Nächstes den Teig auf einer bemehlten Unterlage weitere 3–4 Minuten kneten. Anschließend auf ein mit Backpapier ausgelegtes Backblech setzen und mit Mehl bestauben. Die Oberfläche mit einem Messer mehrfach leicht einschneiden. Der Teig muss weitere 30 Minuten zugedeckt ruhen.

Backofen auf 250 °C Ober-/Unterhitze vorheizen.

Das Brot muss im Backofen auf der mittleren Schiene 10 Minuten backen. Temperatur auf 210 °C reduzieren und 45–50 Minuten fertig backen. Nachdem es aus dem Ofen genommen wurde, auf einem Rost auskühlen lassen.

Kürbisbrot

Zutaten für 1 Brot

800 g Kürbisfleisch vom Butternut (alternativ geht auch Hokkaido)
450 g Dinkelmehl
50 g Buchweizenmehl
50 g Kürbiskerne
50 ml lauwarmes Wasser
3 TL Kürbiskernöl
2 TL Salz
1 Würfel frische Hefe

Zubereitung

Die Schale vom Kürbis entfernen. Kürbis halbieren und entkernen. Das Fruchtfleisch in kleine Würfel schneiden. Kürbiswürfel in einen Topf geben, Wasser hinzufügen und bei mittlerer Hitze 10 Minuten köcheln lassen. Anschließend den Topf vom Herd nehmen. Kürbismus 30 Minuten abkühlen lassen.

In der Zwischenzeit Dinkel- und Buchweizenmehl in eine Schüssel geben und mit dem Salz mischen. Hefe zerbröckeln, in das lauwarme Kürbismus geben und vermischen. 10 Minuten gehen lassen.

Anschließend Kürbismus-Hefegemisch und Kürbiskernöl zum Mehlgemisch fügen. Alles zu einem Teig verkneten. Als Nächstes 40 g Kürbiskerne im Ganzen (oder grob gehackt) in den Teig einarbeiten. Mit einem Tuch abdecken und 40 Minuten an einen warmen Ort stellen.

Backofen auf 180 °C Ober-/Unterhitze vorheizen.

Teig aus der Schüssel nehmen und auf eine bemehlte Arbeitsfläche geben. Einmal kurz durchkneten, dann zu einem runden oder länglichen Brotlaib formen. Die Oberfläche mit einem Messer einritzen, mit etwas Wasser bestreichen und die restlichen Kürbiskerne auf dem Brotlaib verteilen. Anschließend erneut mit einem Tuch abdecken und weitere 15 Minuten ruhen lassen.

Als Nächstes muss das Brot im Backofen auf der mittleren Schiene 10 Minuten backen. Temperatur auf 160 °C reduzieren, dann 30–40 Minuten fertig backen. Nachdem es aus dem Ofen genommen wurde, auf einem Rost auskühlen lassen.

Kürbis-Hanfsamen Brot

Zutaten für 1 Brot

400 g Kürbisfleisch (ohne Kerne) vom Butternut (alternativ geht auch Hokkaido)
250 g Dinkelvollkornmehl
200 g Hanfmehl
50 g Hanfsamen (ungeschält)
125 ml lauwarme Hafermilch
60 ml lauwarmes Wasser
1 EL Rapsöl
2 TL Zucker
2 TL Salz
½ Würfel frische Hefe
Wasser zum Bestreichen

Außerdem:
vegane Butter
Hanfsamen (geschält)
zum Ausstreuen der Backform

Zubereitung

Die Schale vom Kürbis entfernen. Kürbis halbieren und entkernen. Das Fruchtfleisch in kleine Würfel schneiden. Kürbiswürfel in einen Topf geben, Wasser hinzufügen und bei mittlerer Hitze 10–15 Minuten köcheln lassen. Anschließend den Topf vom Herd nehmen. Kürbismus 30 Minuten abkühlen lassen.

In der Zwischenzeit Dinkelvollkorn- und Hanfmehl in eine Schüssel geben und mit dem Salz mischen. Eine Mulde hineindrücken und zerbröckelte Hefe hineinfügen. Zucker und etwas vom lauwarmen Kürbismus dazugeben. 10 Minuten gehen lassen.

Anschließend restliches Kürbismus, Hafermilch, Rapsöl und Hanfsamen zum Hefe-Mehlgemisch geben. Alles zu einem Teig verkneten. Mit einem Tuch abdecken und 40 Minuten an einen warmen Ort stellen.

Backofen auf 180 °C Umluft vorheizen.

Als Nächstes den Teig ein weiteres Mal kurz durchkneten, dann in eine vorbereitete Backform geben. Mit einem Messer die Oberfläche einritzen. Anschließend erneut mit einem Tuch abdecken und weitere 30 Minuten ruhen lassen. Als Nächstes muss das Brot im Backofen auf der untersten Schiene 30–35 Minuten backen. Nachdem es aus dem Ofen genommen wurde, auf einem Rost auskühlen lassen.

Mangoldbrot

Zutaten für 1 Brot

350 g Dinkelvollkornmehl
200 g frischer Mangold
(ca. 3 Hände voll)
50 ml lauwarmes Wasser
20 g Sonnenblumenkerne
2 EL Rapsöl
1 EL Zucker
1 TL Salz
½ Würfel frische Hefe

Zubereitung

Wasser auf 40 °C erwärmen und die Hefe darin auflösen. Dinkelvollkornmehl und Zucker in eine Schüssel geben. Grob vermischen, dann eine Mulde hineindrücken. Hefe-Wassergemisch hinzufügen, etwas mit Mehl bestäuben und 10 Minuten ruhen lassen.

In der Zwischenzeit den Mangold (mit Stil) waschen, grob zerkleinern und in einem Topf mit etwas Wasser dünsten. Anschließend pürieren, beiseitestellen und etwas abkühlen lassen. Als Nächstes Sonnenblumenkerne, Salz und Mangoldpüree zum Mehl dazugeben. Alles miteinander verkneten. Anschließend den Teig an einem warmen Ort zugedeckt 1 Stunde gehen lassen.

Nun den Teig auf eine bemehlte Arbeitsfläche geben, kurz durchkneten und zu einem Brotlaib formen. Anschließend weitere 30 Minuten ruhen lassen.

Backofen auf 180 °C Umluft vorheizen.

Das Brot auf ein mit Backpapier ausgelegtes Backblech legen, in den Backofen auf der mittleren Schiene stellen und 30–40 Minuten backen. Nachdem es aus dem Ofen genommen wurde, auf einem Rost auskühlen lassen.

Maronen-Walnuss-Brot

Zutaten für 1 Brot

500 g Dinkelmehl
200 g Maronen (Esskastanien)
250 ml lauwarmes Wasser
100 g Roggenvollkornmehl
75 g Walnüsse
6 TL Walnussöl
1 Würfel frische Hefe
1 TL Salz
Hafermilch zum Bestreichen

Zubereitung

Die Hefe zerbröckelt in eine kleine Schüssel geben und mit 100 ml lauwarmen Wasser glattrühren. In einer große Schüssel Roggenvollkorn- und Dinkelmehl mit Salz mischen. Eine Mulde hineindrücken. Das Hefe-Wassergemisch hineingießen. Leicht mit Mehl bestäuben, dann zugedeckt 10 Minuten gehenlassen.

Restliches Wasser und Öl hinzufügen. Alles miteinander verkneten. Anschließend an einem warmen Ort zugedeckt 1 Stunde gehen lassen.

In der Zwischenzeit Walnüsse und Maronen kleinhacken. Die Walnüsse in einer Pfanne ohne Öl kurz anrösten, dann beiseitestellen damit sie abkühlen. Als Nächstes werden Nüsse und Maronen unter den Teig geknetet. Für die Verzierung etwas Teig beiseitelegen. Der restliche Teig wird zu einem runden Laib geformt und auf ein mit Backpapier ausgelegtes Blech gesetzt. Zugedeckt weitere 30 Minuten gehen lassen.

Backofen auf 225 °C Ober-/Unterhitze vorheizen.

Brot leicht kreuzweise einschneiden. Aus dem restlichen Teig Blätter formen. Das Brot mit etwas Hafermilch bestreichen, dann die Verzierung anbringen und ebenfalls mit Milch bestreichen.

Das Brot muss im Backofen auf der mittleren Schiene 30 Minuten bei 225 °C backen. Temperatur auf 200 °C reduzieren, dann 15 Minuten fertig backen. Nachdem es aus dem Ofen genommen wurde, auf einem Rost auskühlen lassen.

Nussbrot mit Möhren

Zutaten für 1 Brot

450 g Dinkelvollkornmehl
350 ml lauwarmes Wasser
120 g Möhren
50 g Dinkelflocken
50 g Haselnüsse
20 g Walnüsse
20 g Mandelsplitter
1 ½ TL Salz
½ Würfel frische Hefe

Zubereitung

Hefe zerbröckelt in eine kleine Schüssel geben und mit 100 ml lauwarmen Wasser glattrühren. In einer große Schüssel Dinkelvollkornmehl mit Salz mischen. Eine Mulde hineindrücken. Das Hefe-Wassergemisch hineingießen. Leicht mit Mehl bestäuben, dann zugedeckt 10 Minuten gehenlassen.

Dinkelflocken sowie das restliche Wasser hinzugeben. Alles grob vermengen. Anschließend an einem warmen Ort zugedeckt 3 ½ Stunde gehen lassen.

In der Zwischenzeit Möhren schälen und fein raspeln. Walnüsse ebenfalls klein hacken. Als Nächstes Möhren, Walnüsse und Mandelsplitter unter den Teig geknetet. Teig aus der Schüssel nehmen und auf eine bemehlte Arbeitsfläche geben. Anschließend den Teig zu einem länglichen Laib formt und auf ein mit Backpapier ausgelegtes Blech gesetzt. Er muss zugedeckt weitere 45 Minuten ruhen.

Backofen auf 220 °C Ober-/Unterhitze vorheizen.

Als Nächstes den Teig in eine vorbereitete Kastenform geben und leicht kreuzweise einschneiden. Das Brot muss im Backofen auf der untersten Schiene 45 Minuten backen. Nachdem es aus dem Ofen genommen wurde, auf einem Rost auskühlen lassen.

Orangen-Walnuss-Brot

Zutaten für 1 Brot

600 g Dinkelmehl
300 ml lauwarme Hafermilch
200 g Roggenmehl
200 ml Orangensaft
120 g Walnüsse
60 g Haferkleie
6 TL Rapsöl
2–3 TL Salz
2 TL Zuckerrübensirup
1 Würfel frische Hefe
Zesten einer unbehandelten Orange
Wasser zum Bestreichen

Zubereitung

Hefe zerbröckelt in eine kleine Schüssel geben, mit 100 ml lauwarmer Hafermilch und dem Zuckerrübensirup glattrühren. In einer große Schüssel Dinkel- und Roggenmehl mit Haferkleie mischen. Eine Mulde hineindrücken. Das Hefe-Hafermilch-Zuckerrübengemisch hineingießen. Leicht mit Mehl bestäuben, dann zugedeckt 10 Minuten gehen lassen.

In der Zwischenzeit die Walnüsse klein hacken. Als Nächstes restliche Hafermilch, Öl, Walnüsse, Orangensaft, Orangenzesten und Salz hinzufügen. Alles zu einem geschmeidigen Teig verkneten. Anschließend an einem warmen Ort zugedeckt 1 Stunde gehen lassen.

Als Nächstes den Teig auf eine mit Mehl bestäubte Arbeitsfläche setzen. Ein weiteres Mal kneten, in eine vorbereitete Kastenform geben. Erneut zugedeckt 30 Minuten ruhen lassen.

Backofen auf 175 ° C Ober-/Unterhitze vorheizen.

Anschließend den Teig nach Belieben mit einem Messer einschneiden, dann mit etwas Wasser bestreichen. Das Brot muss im Backofen auf der untersten Schiene 50 Minuten backen. Nachdem es aus dem Ofen genommen wurde, in ein sauberes Tuch wickeln und auf einem Rost auskühlen lassen. Erst am darauffolgenden Tag anschneiden.

Roggenbrot mit Pistazien

Zutaten für 1 Brot

400 ml lauwarmes Wasser
300 g Roggenmehl
300 g Dinkelmehl
50 g Pistazien
40 g Flockenmischung (Roggen-, Dinkel-, Hafer-, Hirseflocken)
20 g Salz
4–5 EL Rapsöl
1 Würfel frische Hefe
1 EL Mehl zum Bestäuben

Zubereitung

Hefe zerbröckelt in eine kleine Schüssel geben und mit 100 ml lauwarmen Wasser glattrühren. In einer große Schüssel Roggen- und Dinkelmehl mit Salz mischen. Eine Mulde hineindrücken. Das Hefe-Wassergemisch hineingießen. Leicht mit Mehl bestäuben, dann zugedeckt 10 Minuten gehenlassen.

Das restliche Wasser mit dem Öl und der Flockenmischung hinzugeben. Alles miteinander verkneten. Anschließend an einem warmen Ort zugedeckt 30 Minuten gehen lassen.

In der Zwischenzeit die Pistazien von der Schale befreien und klein hacken. Die Pistazien in einer Pfanne ohne Öl kurz anrösten, dann zum Abkühlen beiseitestellen. Die Pistazien unter den Teig kneten. Anschließend muss der Teig weitere 20 Minuten ruhen.

Als Nächstes aus dem Teig einen ovalen Laib formen und auf ein mit Backpapier ausgelegtes Blech setzen. Brotlaib an der Oberseite schräg einschneiden, dann mit etwas Mehl bestäuben. Zugedeckt weitere 30 Minuten ruhen lassen.

Backofen auf 160 °C Umluft vorheizen.

Das Brot muss im Backofen auf der 2. Einschubschiene von unten 60 Minuten backen. Nachdem es aus dem Ofen genommen wurde, auf einem Rost auskühlen lassen.

Roggenvollkornbrot

Zutaten für 1 Brot

400 ml lauwarmes Wasser
300 g Roggenvollkornmehl
250 g Dinkelmehl
50 g Roggenschrot
1 EL Essigessenz
1 EL veganer Honig (z. B. Löwenzahnhonig)
3 TL Brotgewürz
2 TL Orangenschalen
2 TL Backmalz
1 TL Salz
½ Würfel frische Hefe

Zubereitung

Hefe zerbröckelt in eine kleine Schüssel geben und mit 100 ml lauwarmen Wasser glattrühren. In einer große Schüssel Roggenvollkorn- und Dinkelmehl mit Roggenschrot mit Salz mischen. Eine Mulde hineindrücken. Das Hefe-Wassergemisch hineingießen. Leicht mit Mehl bestäuben, dann zugedeckt 10 Minuten gehenlassen.

Restliches Wasser, Essigessenz, Honig, Backmalz, Brotgewürz und die Orangenschalen hinzugeben. Alles miteinander verkneten. Anschließend an einem warmen Ort zugedeckt 1 Stunde gehen lassen.

Als Nächstes den Teig erneut kurz durchkneten, in eine vorbereitete Kastenform geben. Erneut 1 Stunde zugedeckt ruhen lassen.

Backofen auf 200 °C Ober-/Unterhitze vorheizen.

Das Brot muss nun im Backofen auf der untersten Schiene etwa 35 Minuten backen. Nachdem es aus dem Ofen genommen wurde, auf einem Rost auskühlen lassen.

Sonnenblumenkern-Vollkornbrot

Zutaten für 1 Brot

450 ml lauwarmes Wasser
300 g Dinkelvollkornmehl
130 g Sonnenblumenkerne
100 g Roggenvollkornmehl
100 g Dinkelflocken
50 g Buchweizenmehl
50 g Buchweizenflocken
10 g Salz
1 EL Apfelessig
1 TL Zucker
½ Würfel frische Hefe

Zubereitung

Hefe zerbröckelt in eine kleine Schüssel geben und mit 100 ml lauwarmen Wasser glattrühren. In einer große Schüssel Dinkelvollkorn-, Roggenvollkorn- und Buchweizenmehl mit Zucker mischen. Eine Mulde hineindrücken. Das Hefe-Wassergemisch hineingießen. Leicht mit Mehl bestäuben, dann zugedeckt 10 Minuten gehenlassen.

Als Nächstes Buchweizenflocken, Salz, Apfelessig und restliches Wasser hinzufügen. Alles miteinander verkneten. Anschließend 120 g Sonnenblumenkerne in den Teig einarbeiten. An einen warmen Ort zugedeckt 40 Minuten gehen lassen.

Anschließend den Teig ein weiteres Mal kurz durchkneten, dann in eine vorbereitete Kastenform geben. Erneut zugedeckt 40 Minuten ruhen lassen.

Backofen auf 160 °C Umluft vorheizen.

Das Brot muss im Backofen auf der mittleren Schiene 50–60 Minuten backen. Nachdem es aus dem Ofen genommen wurde, auf einem Rost auskühlen lassen.

Trauben-Walnuss-Brot

Zutaten für 1 Brot

300 ml + 40 ml lauwarmes Wasser
300 g Hirsemehl
200 g Dinkelvollkornmehl
200 g blaue Weitrauben
100 g Walnüsse (gehackt)
30 g Hirse
8 g Salz
1 EL Apfelessig
1 TL Zucker
1 TL Brotgewürz
½ Würfel frische Hefe

Zubereitung

40 ml Wasser auf 40 °C erwärmen und die Hefe darin auflösen. Dinkelvollkorn- und Hirsemehl in einer Schüssel mit Zucker vermischen. Eine Mulde hineindrücken. Hefe-Wassergemisch hineingeben, etwas mit Mehl bestäuben und 10 Minuten ruhen lassen.

In der Zwischenzeit die Weintrauben abspülen und trockentupfen. Trauben halbieren (wenn nötig, Kerne entfernen). Anschließend die Walnüsse grob hacken. Danach Hirse, Brotgewürz, Salz, Walnüsse, Weintrauben sowie restliches Wasser und Apfelessig hinzufügen. Alles miteinander verkneten. Anschließend an einem warmen Ort zugedeckt 3 Stunden gehen lassen.

Als Nächstes den Teig in eine vorbereitete Kastenform geben. Erneut 1 Stunde ruhen lassen.

Backofen auf 200 °C Ober-/Unterhitze vorheizen.

Das Brot muss im Backofen auf der mittleren Schiene 1 Stunde backen. Nachdem es aus dem Ofen genommen wurde, sofort aus der Form lösen und auf einem Rost auskühlen lassen.

Vitalbrot

Zutaten für 1 Brot

350 g Dinkelvollkornmehl
150 g Dinkelflocken
150 g Haferjoghurt
30 g Hirse
30 g vegane Butter
30 g Sonnenblumenkerne
20 g Leinsamen
20 g Sesamsamen
8 g Gerstenmalz
1 EL Agavendicksaft
1 ½ TL Salz
½ Würfel frische Hefe

Zubereitung

Tag 1 – Hirse und Leinsamen in eine kleine Schüssel geben, mit Wasser bedecken und über Nacht quellen lassen. Am nächsten Tag überschüssiges Wasser abgießen.

Tag 2 – Dinkelvollkornmehl, Dinkelflocken, Hefe, Butter, Salz und Agavendicksaft in eine Schüssel geben und zu einem Teig verarbeiten. Sonnenblumenkerne, Leinsamen, Hirse und den Haferjoghurt dazufügen. Alles gut miteinander vermengen. Der Teig muss jetzt 30 Minuten gehen. Dafür die Schüssel mit einem Tuch abdecken und an einen warmen Ort stellen.

Anschließend den Teig kurz durchkneten, dann in eine vorbereitete Kastenform geben. Erneut zugedeckt 30 Minuten ruhen lassen.

Backofen auf 220 °C Umluft vorheizen.

Das Brot muss im Backofen auf der untersten Schiene etwa 45 Minuten backen. Nachdem es aus dem Ofen genommen wurde, auf einem Rost auskühlen lassen.

Walnussbrot

Zutaten für 1 Brot

450 g Dinkelmehl
250 ml lauwarmes Wasser
100 g Roggenvollkornmehl
75 g Walnüsse
50 g Dinkelflocken
7 TL Walnussöl
1 TL Salz
Würfel frische Hefe
Hafermilch zum Bestreichen

Zubereitung

Hefe zerbröckelt in eine kleine Schüssel geben und mit 100 ml lauwarmen Wasser glattrühren. In einer großen Schüssel Roggenvollkornmehl mit Salz mischen. Eine Mulde hineindrücken. Das Hefe-Wassergemisch hineingießen. Leicht mit Mehl bestäuben, dann zugedeckt 10 Minuten gehen lassen.

Restliches Wasser und Öl hinzufügen. Alles miteinander verkneten. Anschließend an einem warmen Ort zugedeckt 1 Stunde ruhen lassen.

In der Zwischenzeit Walnüsse klein hacken. Die Walnüsse in einer Pfanne ohne Öl kurz anrösten, dann zum Abkühlen beiseitestellen. Als Nächstes Nüsse und Dinkelflocken unter den Teig kneten. Für die Verzierung etwas Teig beiseitelegen. Der restliche Teig wird zu einem runden Laib geformt und auf ein mit Backpapier ausgelegtes Blech gesetzt. Erneut zugedeckt 30 Minuten ruhen lassen.

Backofen auf 225 °C Ober-/Unterhitze vorheizen.

In der Zwischenzeit den Teig kreuzweise einschneiden. Aus dem restlichen Teig Blätter formen. Das Brot mit etwas Milch bestreichen, dann die Verzierung anbringen und ebenfalls mit Milch bestreichen.

Das Brot muss im Backofen auf der mittleren Schiene 30 Minuten backen. Temperatur auf 200 °C reduzieren, dann 15 Minuten fertig backen. Nachdem es aus dem Ofen genommen wurde, auf einem Rost auskühlen lassen.

Wirtshausbrot

Zutaten für 1 Brot

200 g Dinkelvollkornmehl
200 g Buchweizenmehl
60 g Roggenvollkornmehl
30 g Sonnenblumenkerne
30 g Leinsamen

1 TL Salz
1 TL Zucker
½ Würfel frische Hefe
¼ l lauwarmes Wasser

Zubereitung

Wasser auf 40 °C erwärmen und die Hefe darin auflösen. Dinkelvollkorn-, Buchweizen- und Roggenvollkornmehl mit Zucker in einer Schüssel vermischen. Eine Mulde hineindrücken. Hefe-Wassergemisch hineingießen. Leicht mit Mehl bestäuben und 10 Minuten ruhen lassen.

Als Nächstes Leinsamen, Sonnenblumenkerne und Salz hinzufügen. Alles miteinander verkneten. Anschließend an einem warmen Ort zugedeckt 45 Minuten gehen lassen.

Nun den Teig auf eine bemehlte Arbeitsfläche geben und durchkneten. Teig in ein Gärkörbchen geben und weitere 45 Minuten ruhen lassen.

Backofen auf 200 °C Ober-/Unterhitze vorheizen.

Teig auf ein mit Backpapier ausgelegtes Blech setzen. Das Brot muss im Backofen auf der untersten Schiene 40 Minuten backen. Nachdem es aus dem Ofen genommen wurde, auf einem Rost auskühlen lassen.

Brötchen mit Backpulver

Blitzbrötchen

Zutaten für 10 Brötchen

400 g Dinkelmehl	2 TL Rapsöl
320 ml Wasser	2 TL Backpulver
100 g Dinkelflocken	1 TL Salz
1 EL Sesamsamen	1 TL Zucker

Zubereitung

Backofen auf 200 °C Ober-/Unterhitze vorheizen.

In einer Muffinform 10 Mulden einfetten oder mit Papiermuffinförmchen bestücken. Dinkelmehl, Dinkelflocken, Backpulver, Rapsöl, Zucker, Salz und Wasser in eine große Schüssel geben. Alles zu einem Teig verarbeiten. Anschließend den Teig gleichmäßig in die Muffinförmchen verteilen und mit Sesam bestreuen.

Die Brötchen müssen im Backofen auf der mittleren Schiene 15–20 Minuten backen.

Joghurtbrötchen

Zutaten für 8 Brötchen

450 g Haferjoghurt
400 g Dinkelvollkornmehl
100 g Dinkelflocken
50 g vegane Butter (zerlassene)
1 Packung Backpulver
1 ½ TL Salz
1 TL Zuckerrübensirup

Zubereitung

Backofen auf 200 °C Ober-/Unterhitze vorheizen.

In der Zwischenzeit Dinkelvollkornmehl, Dinkelflocken, Backpulver, Salz, Butter, Zuckerrübensirup und Haferjoghurt in eine große Schüssel geben. Alles zu einem Teig verarbeiten. Teig aus der Schüssel lösen und auf eine bemehlte Arbeitsfläche geben.

Anschließend den Teig in gleichgroße Teile portionieren und zu Brötchen formen. Ein Ofenblech mit Backpapier auslegen. Mit etwas Abstand die Brötchen darauf verteilen.

Die Brötchen müssen im Backofen auf der mittleren Schiene 25–30 Minuten backen.

Leinsamenbrötchen

Zutaten für 4–5 Brötchen

300 g Dinkelvollkornmehl
200–250 ml Wasser
30 g + 20 g Leinsamen
15 g vegane Butter
8 g Backpulver
½ TL Salz
Wasser zum Bestreichen

Zubereitung

Backofen auf 210 °C Ober-/Unterhitze vorheizen.

In der Zwischenzeit Dinkelvollkornmehl, Leinsamen, Butter, Salz und Wasser in eine große Schüssel geben. Alles zu einem Teig verarbeiten. Teig aus der Schüssel lösen und auf die bemehlte Arbeitsfläche geben.

Anschließend den Teig in gleichgroße Teile portionieren und zu Brötchen formen. Brötchen mit etwas Wasser bestreichen und in Leinsamen wälzen. Ein Ofenblech mit Backpapier auslegen. Mit etwas Abstand die Brötchen darauf verteilen.

Die Brötchen müssen im Backofen auf der mittleren Schiene 35–40 Minuten backen.

Quark-Brötchen

Zutaten für 8 normale oder 16 kleine Brötchen

350 g Dinkelmehl
200 g Mandelquark
120 ml Hafermilch
50 g Dinkelflocken
10 EL Rapsöl
3 TL Backpulver
1 TL Salz

Zubereitung

Backofen auf 180 °C Ober-/Unterhitze vorheizen.

Dinkelmehl, Dinkelflocken, Backpulver und Salz in eine große Schüssel geben. Mandelquark, Rapsöl und Hafermilch hinzufügen. Alles zu einem Teig verarbeiten. Als Nächstes den Teig aus der Schüssel lösen und auf eine bemehlte Arbeitsfläche geben.

Anschließend den Teig in gleichgroße Teile portionieren und zu Brötchen formen. Ein Ofenblech mit Backpapier auslegen. Mit etwas Abstand die Brötchen darauf verteilen.

Die Brötchen müssen im Backofen auf der mittleren Schiene 20–25 Minuten backen.

Roggenbrötchen

Zutaten für 1 Brot

630 ml Wasser
400 g Roggenmehl
200 g Dinkelmehl
1 ½ Packungen Backpulver
1 TL Salz
1 TL Zucker

Zubereitung

Backofen auf 210 °C Umluft vorheizen.

Roggen- und Dinkelmehl sowie Backpulver, Zucker, Salz und Wasser in eine große Schüssel geben. Alles zu einem Teig verarbeiten. Als Nächstes den Teig aus der Schüssel lösen und auf eine bemehlte Arbeitsfläche geben. Anschließend den Teig in gleichgroße Teile portionieren und zu Brötchen formen.

Zwei Ofenbleche mit Backpapier auslegen. Mit etwas Abstand die Brötchen darauf verteilen.

Die Brötchen müssen im Backofen auf der mittleren Schiene 45 Minuten backen.

Schnelle Brötchen

Zutaten für 4 normale oder 6 kleine Brötchen

300 g Dinkelmehl
190 ml Hafermilch
1 EL Zitronensaft oder Apfelessig
10 g vegane Butter (Zimmertemperatur)

6 g Backpulver
1 EL Brotbackgewürz
1 TL Salz

Zubereitung

Backofen auf 200 °C Ober-/Unterhitze vorheizen.

Hafermilch und Zitronensaft in ein kleines Gefäß geben, verrühren und 10 Minuten stehen lassen.

In der Zwischenzeit Dinkelmehl, Backpulver, Brotbackgewürz und Salz in eine große Schüssel geben. Butter und Hafermilch-Zitronengemisch hinzufügen. Alles zu einem Teig verarbeiten. Als Nächstes den Teig aus der Schüssel lösen und auf eine bemehlte Arbeitsfläche geben.

Anschließend den Teig in gleichgroße Teile portionieren und zu Brötchen formen. Ein Ofenblech mit Backpapier auslegen. Mit etwas Abstand die Brötchen darauf verteilen.

Die Brötchen müssen im Backofen auf der mittleren Schiene 16–18 Minuten backen.

Schokobrötchen

Zutaten für 8 Brötchen

250 g Mandelquark
200 g Dinkelmehl
100 g Hirseflocken
75 g Schokoknöpfe (zartbitter)
20 g Zucker
4 EL Hafermilch
4 EL Rapsöl
1 Packung Backpulver
½ Banane
Prise Salz
Hafermilch zum Bestreichen

Zubereitung

Backofen auf 175 °C Ober-/Unterhitze vorheizen.

In der Zwischenzeit Dinkelmehl, Hirseflocken, Backpulver, Salz und Zucker in eine große Schüssel geben. Mandelquark, Banane, Rapsöl und Hafermilch hinzufügen. Alles zu einem Teig verarbeiten. Schokoknöpfe unterheben. Als Nächstes den Teig aus der Schüssel lösen und auf eine bemehlte Arbeitsfläche geben.

Anschließend den Teig in gleichgroße Teile portionieren und zu Brötchen formen. Ein Ofenblech mit Backpapier auslegen. Mit etwas Abstand die Brötchen darauf verteilen und mit etwas Hafermilch bestreichen.

Die Brötchen müssen im Backofen auf der mittleren Schiene 15–20 Minuten backen.

Brötchen mit Hefe

Brunch-Lieblinge

Zutaten für 12 Brötchen

350 g Dinkelmehl
200 ml lauwarmes Wasser
130 ml lauwarme Hafermilch
100 g Buchweizenmehl
50 g Dinkelflocken
12 g Salz
2 EL Rapsöl
1 EL Zucker
½ Würfel frische Hefe

Zubereitung

Dinkel- und Buchweizenmehl in eine große Schüssel geben. In der Mitte eine kleine Kuhle machen. Die Hefe hineingeben, mit etwas warmem Wasser und einer Prise Zucker verrühren. Ein paar Minuten ruhen lassen. Als Nächstes Dinkelflocken, Rapsöl, Hafermilch, Salz und restlichen Zucker hinzufügen. Anschließend 5–8 Minuten alles vermengen. Der Teig sollte geschmeidig sein. Mit einem feuchten Tuch abdecken und 1 Stunde ruhen lassen.

Backofen auf 180 °C Umluft vorheizen.

Als Nächstes den Teig aus der Schüssel lösen und auf eine bemehlte Arbeitsfläche geben. Mit der flachen Hand den Teig sanft zu einem Rechteck klopfen. Dabei hin und wieder die Oberfläche leicht bemehlen. Anschließend in gleichgroße Stücke portionieren. Zwischen den bemehlten Handflächen zu Kugeln geformt, leicht andrücken und mit etwas Abstand auf zwei vorbereitete Backbleche verteilen. Anschließend 5 Minuten ruhen lassen.

Die Brötchen müssen im Backofen auf der mittleren Schiene 20–25 Minuten backen.

Dinkelbrötchen

Zutaten für 12 Brötchen

700 g Dinkelvollkornmehl
320 ml lauwarmes Wasser
130 ml lauwarme Hafermilch
80 ml Rapsöl
10 ml Apfelessig
10 g Sesamkörner
6 EL Wasser

2–3 EL veganer Honig
2 EL Chiasamen
1 TL Salz
1 Packung Backpulver
1 Würfel frische Hefe
Hafermilch zum Bestreichen

Zubereitung

Tag 1 – Dinkelvollkornmehl und Backpulver in eine große Schüssel geben. In der Mitte eine kleine Kuhle machen. Die Hefe hineingeben, mit 20 ml lauwarmem Hafermilch und dem Salz verrühren. Ein paar Minuten ruhen lassen. Als Nächstes Chiasamen und Wasser in ein Gefäß geben und 15 Minuten quellen lassen.

Anschließend das Gemisch mit Honig, Apfelessig und Rapsöl ebenfalls in die große Schüssel geben. Alles zu einem Teig vermengen. Anschließend an einem warmen Ort zugedeckt für 1 Stunde gehen lassen.

Nun den Teig aus der Schüssel lösen und auf eine Arbeitsfläche geben. Teig in gleichgroße Teile portionieren und zu Brötchen formen. Ein Ofenblech mit Backpapier auslegen. Mit etwas Abstand die Brötchen darauf verteilen. Zugedeckt über Nacht ruhen lassen.

Tag 2 – Backofen auf 180 °C Umluft vorheizen.

In der Zwischenzeit die Brötchen mit etwas Hafermilch bestreichen und mit Sesamkörner bestreuen. Die Brötchen müssen im Backofen auf der mittleren Schiene 30–35 Minuten backen.

Dinkelbrötchen mit Joghurt

Zutaten für 8–10 Brötchen

450 g Dinkelvollkornmehl
250 ml lauwarmes Wasser
100 g Haferjoghurt (Zimmertemperatur)
50 g große Dinkelflocken
15 ml Rapsöl
10 g Zuckerrübensirup
3 g frische Hefe
2 TL Salz

Zubereitung

Tag 1 – 100 ml Wasser auf 40 °C erwärmen und die Hefe darin auflösen. Dinkelvollkornmehl, Dinkelflocken, Salz und Zuckerrübensirup in einer Schüssel vermischen. Eine Mulde hineindrücken. Hefe-Wassergemisch hineingeben, etwas mit Mehl bestäuben und 10 Minuten ruhen lassen. Als Nächstes restliches Wasser, Rapsöl und Haferjoghurt hinzufügen. Alles zu einem glatten Teig vermengen. Zugedeckt für 1 Stunde gehen lassen.

Anschließend den Teig aus der Schüssel lösen und auf eine bemehlte Arbeitsfläche geben. Nun den Teig in gleichgroße Teile portionieren und zu Brötchen formen. Ein Ofenblech mit Backpapier auslegen. Mit etwas Abstand die Brötchen darauf verteilen. Zugedeckt über Nacht ruhen lassen.

Tag 2 – Backofen auf 250 °C Ober-/Unterhitze vorheizen. In der Zwischenzeit die Brötchen einschneiden. Die Brötchen müssen im Backofen auf der mittleren Schiene 17–20 Minuten backen.

Doppelte

Zutaten für 6 doppelte Brötchen

500 g Dinkelmehl
350 ml Wasser
10 g vegane Butter
2 TL Salz
1 TL Backmalz
½ Würfel frische Hefe

Zubereitung

Tag 1 – Dinkelmehl in eine große Schüssel geben. In der Mitte eine kleine Kuhle machen. Die Hefe hineingeben, mit 50 ml lauwarmem Wasser und dem Salz verrühren. Ein paar Minuten ruhen lassen. Als Nächstes Butter und Backmalz sowie das restliche Wasser hinzufügen. Alles zu einem glatten Teig vermengen. Anschließend zugedeckt für 1 Stunde gehen lassen.

Nun den Teig aus der Schüssel lösen und auf eine bemehlte Arbeitsfläche geben. Als Nächstes den Teig in gleichgroße Teile portionieren und zu Brötchen formen. Ein Ofenblech mit Backpapier auslegen. Mit etwas Abstand die Brötchen (jedoch 2 aneinander liegend) darauf verteilen. Zugedeckt über Nacht ruhen lassen.

Tag 2 – Backofen auf 250 °C Ober-/Unterhitze vorheizen. In der Zwischenzeit die Brötchen einschneiden. Die Brötchen müssen im Backofen auf der mittleren Schiene 20–25 Minuten backen.

Einfache Milchbrötchen

Zutaten für 10 Brötchen

500 g Dinkelmehl
250 ml lauwarme Hafermilch
80 g vegane Butter
3 EL Apfelmus
1 TL Vanillepulver
½ Würfel frische Hefe
1 Prise Salz
Hafermilch zum Bestreichen

Zubereitung

Tag 1 – Dinkelmehl in eine große Schüssel geben. In der Mitte eine kleine Kuhle machen. Die Hefe hineingeben, mit 50 ml lauwarmem Hafermilch und dem Salz verrühren. Ein paar Minuten ruhen lassen. Restliche Hafermilch, Butter, Apfelmus und Vanillepulver ebenfalls in die Schüssel geben. Alles zu einem Teig vermengen. Der Teig muss nun zugedeckt an einem warmen Ort 45 Minuten gehen. Dabei sollte er auf das Doppelte anwachsen. Anschließend den Teig aus der Schüssel lösen und auf eine bemehlte Arbeitsfläche geben.

Als Nächstes in gleichgroße Stücke portionieren und zwischen den bemehlten Handflächen zu Kugeln formen. Leicht andrücken und mit etwas Abstand auf zwei mit Backpapier ausgelegte Ofenbleche verteilen. Zugedeckt über Nacht ruhen lassen.

Tag 2 – Backofen auf 160 °C Umluft vorheizen. In der Zwischenzeit die Brötchen mit etwas Hafermilch bestreichen. Die Brötchen müssen im Backofen auf der mittleren Schiene 20 Minuten backen.

Flockenbrötchen

Zutaten für 10 Brötchen

200 g Dinkelmehl
100 g gemischte Flocken
(z. B. Dinkel-, Hafer-, Buchweizenflocken)
60 g Roggenschrot
3 EL Rapsöl

1 EL Zuckerrübensirup
1 TL Salz
½ Würfel frische Hefe
¼ l lauwarmes Wasser
Wasser zum Bestreichen +
Flocken zum Wälzen

Zubereitung

Tag 1 – Dinkelmehl in eine große Schüssel geben. In der Mitte eine kleine Kuhle machen. Die Hefe hineingeben, mit lauwarmem Wasser und dem Salz verrühren. Ein paar Minuten ruhen lassen. Als Nächstes Roggenschrot, Flockenmischung, Öl und Zuckerrübensirup hinzufügen. Alles zu einem glatten Teig vermengen. Anschließend zugedeckt 45 Minuten an einem warmen Ort gehen lassen.

Nun den Teig aus der Schüssel lösen und ein weiteres Mal durchkneten. Zu einer dicken Rolle formen und diese in gleichgroße Stücke portionieren. Jedes Stück zu einem Brötchen formen, mit etwas Wasser bestreichen und in Flocken wälzen. Ein Ofenblech mit Backpapier auslegen. Mit etwas Abstand die Brötchen darauf verteilen. Zugedeckt über Nacht ruhen lassen.

Tag 2 – Backofen auf 225 °C Ober-/Unterhitze vorheizen. Die Brötchen müssen im Backofen auf der mittleren Schiene 12 Minuten backen.

Joghurtbrötchen

Zutaten für 10 Brötchen

500 g Dinkelmehl
175 ml lauwarme Hafermilch
175 ml Haferjoghurt
2 TL Salz
½ Würfel frische Hefe
Wasser zum Bestreichen

Zubereitung

Tag 1 – Dinkelmehl in eine große Schüssel geben. In der Mitte eine kleine Kuhle machen. Die Hefe hineingeben, mit etwas lauwarmer Hafermilch und einer Prise Salz verrühren. Ein paar Minuten ruhen lassen. Restliche Hafermilch, Haferjoghurt und Salz hinzufügen. Alles zu einem glatten Teig vermengen. Der Teig sollte geschmeidig sein. Anschließend zugedeckt für 30 Minuten gehen lassen.

Anschließend den Teig aus der Schüssel lösen und auf eine bemehlte Arbeitsfläche geben. Als Nächstes den Teig in gleichgroße Stücke portionieren und zwischen den bemehlten Handflächen zu Kugeln formen. Leicht andrücken und mit etwas Abstand auf zwei mit Backpapier ausgelegte Ofenbleche verteilen. Zugedeckt über Nacht ruhen lassen.

Tag 2 – Backofen auf 180 °C Umluft vorheizen. In der Zwischenzeit die Brötchen mit etwas Wasser bestreichen. Die Brötchen müssen im Backofen auf der mittleren Schiene 20 Minuten backen.

Knuspriges Dinkelbrötchen

Zutaten für 9 Brötchen

360 g Dinkelmehl
190 ml lauwarmes Wasser
7 g vegane Butter
7 g Salz

5 g veganer Honig (z. B. Löwenzahn- oder Gänseblütenhonig)
½ Würfel frische Hefe
Hafermilch zum Bestreichen

Zubereitung

Tag 1 – Dinkelmehl in eine große Schüssel geben. In der Mitte eine kleine Kuhle machen. Die Hefe hineingeben, mit 50 ml lauwarmem Wasser und dem Salz verrühren. Ein paar Minuten ruhen lassen. Als Nächstes Butter und Honig sowie restliches Wasser hinzufügen. Alles zu einem glatten Teig vermengen. Anschließend zugedeckt für 1 Stunde gehen lassen.

Nun den Teig aus der Schüssel lösen und auf eine bemehlte Arbeitsfläche geben. Ein 21 x 21 cm großes Quadrat auswalken. Anschließend den Teig quer und längst schneiden, sodass jeweils 7x7 cm große Stücke entstehen. Ein Ofenblech mit Backpapier auslegen. Mit etwas Abstand die Brötchen darauf verteilen. Zugedeckt über Nacht ruhen lassen.

Tag 2 – Backofen auf 200 °C Umluft vorheizen.

In der Zwischenzeit die Brötchen mit etwas Hafermilch bestreichen. Die Brötchen müssen im Backofen auf der mittleren Schiene 20 Minuten backen.

Grob
CLASSIC

Sauerteig

Was ist Sauerteig?

Sauerteig ist eine getreidebasierte Starterkultur zur Herstellung von Backwaren. Er enthält verschiedene lebende Milchsäurebakterien sowie Hefen und wird meist dauerhaft in Gärung gehalten. Die Hefe gelangt durch die Umgebung in den Sauerteig, daher braucht sie nicht absichtlich zugegeben werden.

Die im Sauerteig enthaltenden Milchsäurebakterien produzieren Milchsäure und Essigsäure. Diese Säuren bilden einen natürlichen Schutz gegen Schimmel. Somit sorgen sie dafür, dass Sauerteigbrote länger frisch bleiben.

Sauerteig hat einen angenehmen,
leicht säuerlichen Geschmack.

Wie wird Sauerteig hergestellt?

Tag 1 – 100 g Roggenmehl und 100 ml lauwarmes Wasser in ein sauberes, hohes Gefäß mit Deckel geben. (Ich nehme dazu ein 1 Liter Einmachglas ohne Einmachgummi.) Mit einem sauberen Löffel verrühren. Gefäß verschließen und an einen warmen Ort stellen (möglichst konstant 24–28°C).

Nach 12 Stunden – Teig einmal durchrühren.

Nach 24 Stunden – Teig füttern. Dafür erneut 100 g Roggenmehl und 100 ml lauwarmes Wasser in das Gefäß geben und rühren. Anschließend in den Sauerteigansatz einarbeiten. Gefäß schließen und zurück an den warmen Ort stellen.

4–5 Tage lang wird diese Prozedur wiederholt. Im Ansatzgut bilden sich jetzt langsam Gasblasen (mal mehr, mal weniger stark). Sollte sich Schimmel oder Ähnliches bilden, muss der Sauerteig entsorgt und von vorne begonnen werden.

Nach Tag 5 – Im Gefäß sollte jetzt ca. 1 kg hellbrauner Sauerteigansatz (Starter) sein, der angenehm säuerlich duftet. Notfalls kann er auch noch einen sechsten Tag vertragen. Riecht der Sauerteig danach unangenehm, sollte er lieber entsorgt werden.

Wie wird Sauerteig richtig gelagert?

Die Rezepte können mitunter unterschiedliche Mengen an Sauerteig benötigen. Sollte nach dem Backen noch Sauerteig übrig sein, empfiehlt es sich, ihn in ein sauberes Glas abzufüllen. Hiermit kann dann erneut (wie beim Starter) ein frischer Sauerteig angesetzt werden – mindestens einmal pro Woche, mit gleichen Mengen Wasser und Mehl füttern.

Beides stets gut unterrühren.
So kann der Sauerteig über Jahre
im Kühlschrank aufbewahrt werden.

Brot mit Sauerteig

Einfaches Sauerteigbrot

Zutaten für 1 Brot

450 g Dinkelvollkornmehl	50 g Sauerteig (siehe Seite 124)
300 ml Wasser	1 TL Salz
50 g Dinkelflocken	

Zubereitung

Sauerteig und Wasser verrühren. Anschließend Dinkelvollkornmehl und Dinkelflocken unterheben. Teig zugedeckt 30 Minuten gehenlassen. Als Nächstes Salz hinzugeben und den Teig 10 Minuten mit der Hand kneten. Er sollte sich geschmeidig anfühlen. Nun den Teig auf eine bemehlte Arbeitsfläche geben und zu einem Brotlaib formen. Erneut zudecken und an einem warmen Ort zugedeckt 6–10 Stunde gehen lassen. Dabei sollte er sich verdoppeln.

Anschließend den Teig ein weiteres Mal kurz durchkneten, dann in eine vorbereitete Kastenform geben. Zugedeckt 1 Stunde ruhen lassen.

Backofen auf 250 °C Ober-/Unterhitze vorheizen.

In der Zwischenzeit das Brot oben leicht einritzen. Das Brot muss im Backofen auf der mittleren Schiene 35 Minuten backen. Nachdem es aus dem Ofen genommen wurde, auf einem Rost auskühlen lassen.

Gersten-Roggen-Vollkornbrot

Zutaten für 1 Brot

450 ml Wasser
100 g Gerstenvollkornmehl
100 g Dinkelvollkornmehl
100 g Haferschrot
75 g Roggenmehl
50 g Sonnenblumenkerne
50 g Kürbiskerne
50 g Roggenvollkorn-sauerteig (siehe Seite 124)
25 g frische Hefe
1 EL Gerstenmalz
2 TL Salz
2 TL Zucker

Zubereitung

50 ml Wasser auf 40 °C erwärmen und die Hefe darin auflösen. Gerstenvollkorn-, Dinkelvollkorn- und Roggenmehl sowie Haferschrot, Gerstenmalz, Salz und Zucker in einer Schüssel mischen. Eine Mulde hineindrücken. Hefe-Wassergemisch hineingeben. Mit Mehl bestäuben und 10 Minuten ruhen lassen.

Als Nächstes restliches Wasser, Sonnenblumen- und Kürbiskerne sowie Roggenvollkornsauerteig hinzufügen. Alles miteinander verkneten, bis eine homogene, leicht zähe Teigmasse entstanden ist. Anschließend an einem warmen Ort zugedeckt 1 Stunde gehen lassen.

Nun den Teig in eine vorbereitete Kastenform geben und erneut gehen lassen. Das Brot ist bereit, wenn der Teig bis kurz unter der Oberkannte der Backform angewachsen ist.

Backofen auf 180 °C Umluft vorheizen.

Das Brot muss im Backofen auf der 2. Schiene (von unten) 45 Minuten backen. Anschließend aus der Form nehmen und 10 Minuten fertig backen. Nachdem es aus dem Ofen genommen wurde, auf einem Rost auskühlen lassen.

Hanfsamenbrot

Zutaten für 1 Brot

500 g Sauerteig (siehe Seite 124)
400 ml Wasser
300 g Dinkelvollkornmehl
270 g Roggenvollkornmehl
150 g Hanfsamen (ungeschält)
20 g Salz
½ Würfel frische Hefe
Wasser zum Besprühen

Zubereitung

Hanfsamen in eine Schüssel geben, mit 200 ml warmen Wasser übergießen und 2 Stunden quellen lassen. Hefe zerbröckelt in eine kleine Schüssel geben und mit 50 ml lauwarmen Wasser glattrühren. Als Nächstes Sauerteig, Dinkelvollkorn- und Roggenvollkornmehl sowie Salz zu den Hanfsamen in die Schüssel dazufügen. Alles grob miteinander vermengen. Eine Mulde hineindrücken. Das Hefe-Wassergemisch hineingießen. Leicht mit Mehl bestäuben, dann zugedeckt 10 Minuten gehenlassen.

Restliches Wasser dazugeben und alles zu einem Teig verarbeiten. Teig zugedeckt 1 Stunde gehen lassen. Anschließend in eine gefettete Kastenform geben und weitere 30 Minuten zugedeckt ruhen lassen.

Backofen auf 270 °C Ober-/Unterhitze vorheizen.

Temperatur auf 220 °C reduzieren. Teig mit etwas Wasser besprühen. Das Brot muss im Backofen auf der mittleren Schiene 1 Stunde backen. Nachdem es aus dem Ofen genommen wurde, auf einem Rost auskühlen lassen.

Joghurtbrot

Zutaten für 1 Brot

Sauerteig

190 ml lauwarmes Wasser
190 g Dinkelvollkornmehl
20 g Sauerteig
(siehe Seite 124)

Hauptteig

400 g Haferjoghurt
400 g Dinkelmehl
110 g Dinkelvollkornmehl
20 g Salz
Sauerteig

Zubereitung Sauerteig

Sauerteig, Dinkelvollkornmehl und Wasser in eine Schüssel geben. Mit einem Holzlöffel verrühren. Anschließend an einem warmen Ort zugedeckt 8–10 Stunde gehen lassen.

Zubereitung Hauptteig

Sauerteig, Dinkel- und Dinkelvollkornmehl sowie Haferjoghurt und Salz in eine Schüssel geben. Anschließend 6–8 Minuten zu einem Teig verkneten. Der Teig ist fertig, wenn er sich vom Rand der Schüssel lösen lässt. An einem warmen Ort zugedeckt 8 Stunde gehen lassen. Dabei muss der Teig alle 2 Stunden gedehnt und gefaltet werden.

Als Nächstes den Teig aus der Schüssel nehmen und auf einer bemehlten Arbeitsfläche zu einer Kugel formen (ohne, dass dabei viel Gas entweicht). Anschließend den Teig zudecken und erneut 1 Stunde ruhen lassen.

Backofen mitsamt Pizzastein (2. Einschub von unten) auf 230 °C Ober-/Unterhitze vorheizen.

Das Brot auf den Pizzastein geben und 10 Minuten backen. Temperatur auf 210 °C reduzieren, dann 30–40 Minuten fertig backen. Nachdem es aus dem Ofen genommen wurde, auf einem Rost auskühlen lassen.

Mangoldbrot

Zutaten für 1 Brot

Brühstück

120 ml kochendes Wasser
50 g Roggenschrot
10 g Sonnenblumenkerne
10 g Sesamsamen

Hauptteig

450 g Roggenvollkornmehl
200 g frischen Mangold
(ca. 3 Hände voll)
150 g Sauerteig
50 ml Wasser
12 g frische Hefe
10 g Salz
Brühstück

Zubereitung

Für das Brühstück Roggenschrot, Sonnenblumenkerne und Sesamsamen mit kochendem Wasser übergießen. Alles verrühren, dann 1 Stunde ziehen lassen.

In der Zwischenzeit den Mangold (mit Stil) waschen, grob zerkleinern und in einem Topf mit etwas Wasser dünsten. Anschließend pürieren und zum Abkühlen beiseitestellen. Roggenvollkornmehl und Salz in eine Schüssel und vermischen. Eine Mulde hineindrücken. Hefe und etwas vom warmen Mangoldpüree hinein geben, mit Mehl bestäuben und 10 Minuten ruhen lassen.

Als Nächstes Sauerteig, Brühstück und restliches Püree hinzufügen. Alles miteinander verkneten. Anschließend an einem warmen Ort zugedeckt 45 Minuten gehen lassen.

Nun den Teig auf einer bemehlte Arbeitsfläche durchkneten und in eine vorbereitete Backform geben. Zugedeckt erneut 1 Stunde ruhen lassen.

Backofen auf 240 °C Ober-/Unterhitze vorheizen.

Das Brot muss im Backofen auf mittlerer Schiene 5 Minuten backen. Temperatur auf 200 °C reduzieren, dann 45 Minuten fertig backen. Nachdem es aus dem Ofen genommen wurde, auf einem Rost auskühlen lassen.

Mischbrot

Zutaten für 1 Brot

300 g Dinkelvollkornmehl
150 g Roggenmehl
80 g Sauerteig
(siehe Seite 124)

75 ml + 175 ml lauwarmes Wasser
2 EL Zuckerrübensirup
1 ½ TL Salz
½ Würfel frische Hefe

Zubereitung

Hefe zerbröckelt in eine kleine Schüssel geben und mit 75 ml lauwarmen Wasser glattrühren. In eine große Schüssel Dinkelvollkorn- und Roggenmehl sowie Zuckerrübensirup geben. Eine Mulde hineindrücken. Das Hefe-Wassergemisch hineingießen. Leicht mit Mehl bestäuben, dann zugedeckt 10 Minuten gehenlassen.

Restliches Wasser, Sauerteig und Salz hinzufügen. Alles miteinander verkneten. An einem warmen Ort zugedeckt 1 Stunde gehen lassen.

Als Nächstes den Teig kurz durchkneten, in eine gefettete Kastenform geben und erneut zugedeckt 1 Stunde ruhen lassen.

Backofen auf 200 °C Ober-/Unterhitze vorheizen.

Teig oben leicht einritzen. Das Brot muss im Backofen auf der mittleren Schiene 10 Minuten backen. Temperatur auf 180 °C reduzieren, dann 50–60 Minuten fertig backen. Nachdem es aus dem Ofen genommen wurde, auf einem Rost auskühlen lassen.

Oberländer

Zutaten für 1 Brot

Sauerteig

100 ml lauwarmes Wasser
100 g Roggenmehl
10 g Sauerteig
(siehe Seite 124)

Hauptteig

255 g Roggenmehl
235 g Dinkelmehl
300 ml Wasser
11 g Salz
10 g Backmalz
Sauerteig

Zubereitung Sauerteig

Sauerteig, Roggenmehl und Wasser in eine Schüssel geben. Mit einem Holzlöffel verrühren. Anschließend an einem warmen Ort zugedeckt 20 Stunde gehen lassen.

Zubereitung Hauptteig

Sauerteig, Roggen- und Dinkelmehl sowie Backmalz, Wasser und Salz in eine Schüssel geben. Anschließend 4–5 Minuten zu einem Teig verkneten (ergibt einen festen, klebrigen Teig). An einem warmen Ort zugedeckt 1 Stunde gehen lassen.

Als Nächstes den Teig aus der Schüssel nehmen und auf einer bemehlten Arbeitsfläche rund wirken. Anschließend den Teig auf ein mit Backpapier vorbereitete Backblech legen. Zugedeckt 1 ¾ Stunde ruhen lassen. In dieser Zeit sollte sich das Brot deutlich vergrößert haben.

Backofen auf 250 °C Ober-/Unterhitze vorheizen.

Das Brot muss im Backofen auf dem 2. Einschub (von unten) 10 Minuten backen. Temperatur auf 205 °C reduzieren, dann 45 Minuten fertig backen. Nachdem es aus dem Ofen genommen wurde, auf einem Rost auskühlen lassen.

Roggen-Sauerteigbrot

Zutaten für 1 Brot

700 ml Wasser
450 g Dinkelvollkornmehl
450 g Roggenmehl
100 g Mix aus Hirse, Sonnenblumenkerne, Leinsamen, Chiasamen, Hanfsamen
100 g Cashewnüsse
70 g Sauerteig (siehe Seite 124)
1 TL Salz

Zubereitung

Roggen- und Dinkelvollkornmehl sowie Sauerteig, Getreidemix und Cashewnüsse in eine Schüssel geben. Alles mit Wasser und Salz zu einem Teig verarbeiten. Anschließend an einem warmen Ort zugedeckt 1 Stunde gehen lassen.

Als Nächstes den Teig kurz durchkneten, in eine gefettete Kastenform geben. Weitere 2 Stunden zugedeckt ruhen lassen.

Backofen auf 200 °C Ober-/Unterhitze vorheizen.

Das Brot muss im Backofen auf der mittleren Schiene 1 Stunde backen. Nachdem es aus dem Ofen genommen wurde, auf einem Rost auskühlen lassen.

Sauerteigbrot mit 6-Korn-Flocken

Zutaten für 2 Brote

600 g Sauerteig
(siehe Seite 124)
500 g Dinkelvollkornmehl
300 + 300 ml Wasser
200 g Sonnenblumenkerne
20 g Salz
Flockenmischung
(je 65 g Hafer-,
Hirse-, Buchweizen-
und große Dinkelflocken)
Wasser zum Besprühen

Zubereitung

Flockenmischung und 300 ml heißes Wasser in eine kleine Schüssel geben, dann 30 Minuten quellen lassen.

100 ml Wasser auf 40 °C erwärmen und die Hefe darin auflösen. Dinkelvollkornmehl, Sonnenblumenkerne und Salz in eine große Schüssel geben und vermischen. Eine Mulde hineindrücken. Hefe-Wassergemisch hineingeben, etwas mit Mehl bestäuben und 10 Minuten ruhen lassen.

Als Nächstes restliches Wasser, Flockenmischung und Sauerteig dazufügen. Alles miteinander verkneten, bis ein homogener Teig entstanden ist. Anschließend an einem warmen Ort zugedeckt 2 Stunde gehen lassen.

Nun den Teig auf eine bemehlte Arbeitsfläche geben, halbieren und zu zwei Brotlaibe formen. Diese in den Gärkörbchen weitere 2–3 Stunden ruhen lassen.

Backofen auf 250 °C Ober-/Unterhitze vorheizen.

Die Brotlaibe aus den Körbchen stürzen, auf zwei vorbereitete Backbleche setzen und mehrfach einschneiden. Anschließend in den Backofen auf die 2. Schiene (von unten) stellen. Mit etwas Wasser besprühen.

Nach 10 Minuten Backzeit die Temperatur auf 220 °C reduzieren, dann 40–50 Minuten fertig backen. Nachdem sie aus dem Ofen genommen wurden, auf zwei Roste auskühlen lassen.

Toastbrot

Zutaten für 1 Brot

400 g Dinkelmehl
250 ml Wasser
200 g Dinkelvollkornmehl
150 g Sauerteig
(siehe Seite 124)
30 g vegane Butter
15 g Salz
½ Würfel Hefe

Zubereitung

Butter in einem Topf schmelzen. Dinkel- und Dinkelvollkornmehl sowie Sauerteig, Salz und Hefe in eine Schüssel geben. Alles mit Wasser und Butter zu einem Teig verarbeiten. Als Nächstes den Teig in eine gefettete Kastenform geben. An einem warmen Ort 4–8 Stunden zugedeckt ruhen lassen.

Das Brot ist bereit, wenn der Teig bis kurz unter der Oberkannte der Backform angewachsen ist. Das Brot in den kalten Backofen auf die mittlere Schiene stellen. Bei 180 °C Ober-/Unterhitze 1 Stunde backen. Nachdem es aus dem Ofen genommen wurde, sofort aus der Form lösen und auf einem Rost auskühlen lassen.

Brötchen mit Sauerteig

Haferflockenbrötchen

Zutaten für 12 Brötchen

350 + 50 ml lauwarmes Wasser	150 g Sauerteig (siehe Seite 124)
250 g zarte Haferflocken	1 TL Kümmel
250 g Dinkelvollkornmehl	1 TL Salz
250 g Roggenvollkornmehl	½ Würfel frische Hefe

Zubereitung

Tag 1 – Wasser (50 ml) auf 40 °C erwärmen und die Hefe darin auflösen. Haferflocken, Dinkelvollkorn- und Roggenvollkornmehl sowie Kümmel und Salz in eine Schüssel geben und vermischen. Eine Mulde hineindrücken. Hefe-Wassergemisch in die Mulde gießen. Mit Mehl bestäuben und 30 Minuten ruhen lassen. Als Nächstes restliches Wasser und Sauerteig hinzufügen. Alles miteinander verkneten. Anschließend an einem warmen Ort zugedeckt 1 Stunde gehen lassen.

Nun den Teig auf eine bemehlte Arbeitsfläche geben und erneut kurz durchkneten. In gleich große Teile portionieren, individuell formen, in Haferflocken wälzen und auf zwei mit Backpapier ausgelegten Backblechen verteilen. Über Nacht ruhen lassen.

Tag 2 – Backofen auf 200 °C Umluft vorheizen. Die Brötchen müssen im Backofen auf der mittleren Schiene 20–25 Minuten backen.

Knackige Brötchen

Zutaten für 16 Brötchen

500 g Dinkelvollkornmehl
250 g Roggenvollkornsauerteig (siehe Seite 124)
200–250 ml Wasser
50 g Sonnenblumenkerne
50 g Kürbiskerne
12 g Salz
1 TL Zucker
½ Würfel frische Hefe

Zubereitung

Tag 1 – Wasser (50 ml) auf 40 °C erwärmen und die Hefe darin auflösen. Dinkelvollkornmehl mit Salz in einer Schüssel vermengen. Eine Mulde hineindrücken. Hefe-Wassergemisch in die Mulde geben. Mit Mehl bestäuben und 30 Minuten ruhen lassen. Als Nächstes den Roggenvollkornsauerteig, Kürbis- und Sonnenblumenkerne sowie restliches Wasser hinzufügen. Alles miteinander verkneten. Anschließend an einem warmen Ort zugedeckt 2 Stunden gehen lassen.

Nun den Teig auf eine bemehlte Arbeitsfläche geben und erneut kurz durchkneten. Als Nächstes in gleich große Teile portionieren und zu Brötchen formen. Anschließend auf zwei mit Backpapier ausgelegten Backbleche verteilen und kreuzweise mit einem Messer einschneiden. Über Nacht ruhen lassen.

Tag 2 – Backofen auf 200 °C Ober-/Unterhitze vorheizen. Die Brötchen müssen im Backofen auf der mittleren Schiene 20–25 Minuten backen.

Mohn-Sesam-Brötchen

Zutaten für 8 Brötchen

275 g Dinkelvollkornmehl
250-300 ml Wasser
115 g Roggenvollkornmehl
10 g Roggenvollkorn-sauerteig (siehe Seite 124)
8 g Salz
3 g frische Hefe
Mohn und Sesamsamen zum Bestreuen

Zubereitung

Tag 1 – Wasser (50 ml) auf 40 °C erwärmen und die Hefe darin auflösen. Dinkelvollkorn- und Roggenvollkornmehl mit Salz in einer Schüssel vermengen. Eine Mulde hineindrücken. Hefe-Wassergemisch in die Mulde geben. Mit Mehl bestäuben und 30 Minuten ruhen lassen. Als Nächstes Sauerteig und restliches Wasser hinzufügen. Alles miteinander verkneten. Anschließend an einem warmen Ort zugedeckt 1 Stunde gehen lassen.

Nun den Teig auf eine bemehlte Arbeitsfläche geben und erneut kurz durchkneten. In gleich große Teile portionieren, individuell formen und kreuzweise einschlitzen. Mit Mohn und Sesamsamen bestreuen.

Anschließend auf einem mit Backpapier ausgelegten Backblech verteilen. Über Nacht ruhen lassen.

Tag 2 – Backofen auf 230 °C Ober-/Unterhitze vorheizen.

Die Brötchen müssen im Backofen auf der mittleren Schiene 18–20 Minuten backen.

Roggenbrötchen

Zutaten für 9 Brötchen

Sauerteig

145 ml Wasser
100 g Roggenmehl
80 g Roggenvollkornmehl
18 g Roggenvollkorn-sauerteig (siehe Seite 124)

Hauptteig

325 g Roggenvollkornmehl
190 ml Wasser
20 g veganer Honig
10 g Salz
Sauerteig

Zubereitung

Tag 1– Roggen- und Roggenvollkornmehl sowie Sauerteig und Wasser in eine Schüssel geben. Alles miteinander vermengen. Anschließend an einem warmen Ort zugedeckt über Nacht ruhen lassen.

Tag 2 – Roggenvollkornmehl, Wasser, Honig, und Salz zum Sauerteig hinzufügen. Alle Zutaten 6–8 Minuten kneten. Es soll ein fester, klebriger Teig entstehen. Anschließend den Teig an einem warmen Ort zugedeckt 1 Stunde ruhen lassen.

Als Nächstes den Teig auf eine bemehlte Arbeitsfläche geben, dann kurz dehnen und falten. Erneut 30 Minuten ruhen lassen.

Nun den Teig in gleich große Teile portionieren. Leicht plattdrücken und von allen Seiten einfalten, dann grob zu Brötchen formen. Ein weiteres Mal zugedeckt an einem warmen Ort 1 Stunde ruhen lassen.

Anschließend mit dem Schluss nach oben auf ein mit Backpapier ausgelegtes Backblech verteilen.

Backofen auf 230 °C Ober-/Unterhitze vorheizen.

Die Brötchen müssen im Backofen auf der mittleren Schiene 15–20 Minuten backen.

Roggen-Mischbrötchen

Zutaten für 12 Brötchen

Sauerteig

150 ml lauwarmes Wasser
150 g Roggenvollkornmehl
25 g Roggenvollkorn-sauerteig (siehe Seite 124)

Hauptteig

330 g Dinkelvollkornmehl
150 ml Wasser
10 g Salz
2 TL veganer Honig
Sauerteig

Zubereitung

Tag 1 – Roggenvollkornmehl, Roggenvollkornsauerteig und Wasser eine Schüssel geben. Alles miteinander vermengen. Anschließend an einem warmen Ort zugedeckt über Nacht ruhen lassen.

Tag 2 – Dinkelvollkornmehl, Wasser, Honig und Salz zum Sauerteig hinzufügen. Alle Zutaten 10 Minuten kneten. Anschließend den Teig an einem warmen Ort zugedeckt 1 Stunde ruhen lassen. Währenddessen nach 30 und 60 Minuten den Teig dehnen und falten.

Als Nächstes den Teig auf eine bemehlte Arbeitsfläche geben und in gleich große Teile portionieren. Nun durch dehnen und falten rundwirken. Ein weiteres Mal zugedeckt an einem warmen Ort 1 Stunde ruhen lassen.

Anschließend die Brötchen auf zwei mit Backpapier ausgelegten Backblechen verteilen und kreuzweise einritzen.

Backofen auf 250 °C Ober-/Unterhitze vorheizen.

Die Brötchen müssen im Backofen auf der mittleren Schiene 5 Minuten backen lassen. Temperatur auf 200°C drosseln, dann 15–20 Minuten fertig backen.

Saatenbrötchen

Zutaten für 8–10 Brötchen

500 g Dinkelvollkornmehl
300 g Roggenvollkorn-
sauerteig
(siehe Seite 124)
300 + 50 ml Wasser
3 g frische Hefe
2 TL Salz
gemischte Körner
zum Wälzen
50 g Kürbiskerne

Zubereitung

Tag 1 – Wasser (50 ml) auf 40 °C erwärmen und die Hefe darin auflösen. Dinkelvollkornmehl und Salz in eine Schüssel geben und vermischen. Eine Mulde hineindrücken. Hefe-Wassergemisch in die Mulde geben. Mit Mehl bestäuben und 30 Minuten ruhen lassen.

Als Nächstes den Roggenvollkornsauerteig, Kürbiskerne und restliches Wasser hinzufügen. Alles miteinander verkneten. Anschließend an einem warmen Ort zugedeckt 1–2 Stunde gehen lassen.

Nun den Teig auf eine bemehlte Arbeitsfläche geben und erneut kurz durchkneten. Zugedeckt 1 Stunde ruhen lassen.

Als Nächstes den Teig in gleichgroße Teile portionieren und zu Brötchen formen. Wobei die Luft möglichst im Teig bleiben soll. Anschließend in der Körnermischung wälzen und auf zwei mit Backpapier ausgelegten Backblechen verteilen. Über Nacht ruhen lassen.

Tag 2 – Backofen auf 240 °C Ober-/Unterhitze vorheizen.

Die Brötchen müssen im Backofen im unteren Ofendrittel 10 Minuten backen. Temperatur auf 220 °C drosseln, dann 10–15 Minuten fertig backen.

Sauerteigbrötchen

Zutaten für 10 Brötchen

650 g Dinkelvollkornmehl
450 ml Wasser
130 g Roggenvollkornsauerteig (siehe Seite 124)
2 TL Salz

Zubereitung

Tag 1 – Dinkelvollkornmehl, Sauerteig, Wasser und Salz in eine Schüssel geben. Alles miteinander vermengen, dann mit einer Küchenmaschine etwa 10 Minuten bei hoher Geschwindigkeit auskneten. Der Teig muss nun 30 Minuten gehen.

Als Nächstes den Teig noch einmal dehnen und falten. Anschließend an einem warmen Ort zugedeckt über Nacht ruhen lassen.

Tag 2 – Teig auf eine bemehlte Arbeitsfläche geben, dann kurz dehnen und falten. Erneut 30 Minuten ruhen lassen, dann wieder dehnen und falten. Der Teig muss jetzt 10 Minuten entspannen.

Als Nächstes den Teig in gleich große Teile portionieren und zu Brötchen formen. Anschließend auf zwei mit Backpapier ausgelegten Backblechen verteilen, abdecken und weitere 30–60 Minuten ruhen lassen.

Backofen auf 250 °C Ober-/Unterhitze vorheizen.

Die Brötchen einritzen und im Backofen auf der mittleren Schiene 10 Minuten backen. Temperatur auf 200 °C reduzieren, dann 20–30 Minuten fertig backen.

Über die Autorin

Katy Buchholz liebt es, nicht nur sich beim Schreiben von regionalen und spannenden Thrillern auszutoben. Sie ist auch eine begeisterte Hobbybäckerin. Den Anstoß dazu gab eine Weizenunverträglichkeit. Im Handel gab es nur wenige weizenfreie Brote und Brötchen zu kaufen. Also fing Katy Buchholz an, in ihrer Küche zu experimentieren. Die dabei entstandenen Rezepte hat sie gesammelt und veröffentlicht.

Weitere Bücher der Autorin